中国建筑业统计年鉴

CHINA STATISTICAL YEARBOOK ON CONSTRUCTION

国家统计局固定资产投资统计司 编

Compiled by the Department of Investment and Construction Statistics, National Bureau of Statistics

2021

中国统计出版社
China Statistics Press

图书在版编目（CIP）数据

中国建筑业统计年鉴 . 2021 = China Statistical Yearbook on Construction 2021 / 国家统计局固定资产投资统计司编 . -- 北京 : 中国统计出版社 , 2021.10
ISBN 978-7-5037-9675-3

Ⅰ . ①中 … Ⅱ . ①国 … Ⅲ . ①建筑业－统计资料－中国－ 2021 －年鉴 Ⅳ . ① F426.9-66

中国版本图书馆 CIP 数据核字 (2021) 第 196832 号

中国建筑业统计年鉴—2021

作　　者 / 国家统计局固定资产投资统计司
责任编辑 / 郭　栋
执行编辑 / 且淑芬
封面设计 / 李雪燕
版式设计 / 张　冰
出版发行 / 中国统计出版社
通信地址 / 北京市丰台区西三环南路甲 6 号　邮政编码 /100073
电　　话 / 邮购（010）63376909　书店（010）68783171
网　　址 / http://www.zgtjcbs.com/
印　　刷 / 北京厚诚则铭印刷科技有限公司
经　　销 / 新华书店
开　　本 /890mm×1240mm　1/16
字　　数 /550 千字
印　　张 /18
版　　别 /2021 年 10 月第 1 版
版　　次 /2021 年 10 月第 1 次印刷
定　　价 /160.00 元

如有印装差错，由本社发行部调换。

《中国建筑业统计年鉴—2021》

说　明

《中国建筑业统计年鉴—2021》是一部全面反映中国建筑业发展情况的权威资料。本书收集了全国和各省、自治区、直辖市2020年度有关建筑业发展方面的统计数据。

《中国建筑业统计年鉴—2021》资料直接由2020年全国建筑业统计报表基层数据库加工形成。为保证本年鉴数据与历史数据的可比性，2021年建筑业年鉴的范围是具有总承包或专业承包建筑业企业资质等级的所有独立核算的建筑业企业。

本年鉴资料分为五个部分：一、综合；二、按经济类型分组的建筑业企业；三、中央和地方建筑业企业；四、按资质等级分组的建筑业企业；五、各行业建筑业企业。每部分资料的编排，根据制度和实际工作要求，既有按经济类型的分组，又有按行业的分组。在各分组中又分别设置了反映建筑业总产值、各种用途的房屋建筑竣工面积、技术装备、实收资本、资产和负债、利润和税金等方面情况的表式。

使用本年鉴资料时请注意以下几点：

1. 本年鉴所涉及的全国性统计数据，均未包括香港、澳门特别行政区和台湾省数据。

2. 本年鉴资料各项相加不等于总计均由于四舍五入的缘故。

3. 本年鉴资料各表中的“空格”表示该项统计指标数据不是本表最小单位数、数据不详或无该项数据。

4. 本年鉴资料由国家统计局固定资产投资统计司编印并负责解释。

咨询电话：010-68782620, 010-68782615, 010-68783393

邮箱：tzjzc@gj.stats.cn

由于编辑时间比较仓促，本书难免存在一些不妥之处，欢迎广大读者批评指正。

目　录

一、综　合

二、按经济类型分组的建筑业企业

三、中央和地方建筑业企业

四、按资质等级分组的建筑业企业

五、各行业建筑业企业

一、综 合

1-1 历年建筑业企业概况

年 份	总 计	国有企业	集体企业	港澳台商投资企业	外商投资企业	其 他
企业单位数(个)						
2000	47518	9030	24756	635	319	12778
2005	58750	6007	8090	516	388	43749
2006	60166	5555	7051	479	370	46711
2007	62074	5319	6614	482	365	49294
2008	71095	5315	5843	474	363	59100
2009	70817	5009	5352	444	351	59661
2010	71863	4810	5026	416	331	61280
2011	72280	4642	4847	393	303	62095
2012	75280	4602	4640	385	295	65358
2013	78919	3847	3728	390	272	70682
2014	81141	3753	3589	369	261	73169
2015	80911	3603	3318	343	249	73398
2016	83017	3593	3154	326	222	75722
2017	88074	3453	2873	334	218	81196
2018	96544	3358	2546	266	203	90171
2019	103805	3309	2324	245	190	97737
2020	116722	3746	2180	235	183	110378
从业人员(万人)						
2000	1994.3	635.6	887.5	8.2	4.4	458.6
2005	2699.9	480.0	361.6	8.6	10.8	1838.9
2006	2878.2	467.6	332.0	8.9	8.1	2061.6
2007	3133.7	470.1	317.0	9.8	11.4	2325.4
2008	3315.0	472.1	266.8	10.5	9.2	2556.4
2009	3672.6	518.9	246.8	10.9	10.2	2885.7
2010	4160.4	576.9	246.5	12.2	9.8	3315.1
2011	3852.5	444.9	220.4	11.3	9.9	3166.0
2012	4267.2	457.8	216.2	13.0	10.3	3570.0
2013	4528.4	387.7	187.1	16.5	10.1	3927.0
2014	4537.0	371.2	175.0	15.4	8.6	3966.7
2015	5093.7	417.6	169.0	17.9	9.2	4480.0
2016	5184.5	438.1	168.2	16.1	8.7	4553.4
2017	5529.6	428.4	158.7	19.0	7.7	4915.8
2018	5305.2	438.5	123.2	17.6	7.6	4718.4
2019	5427.1	406.1	115.1	14.3	6.8	4884.8
2020	5367.0	432.3	103.5	18.0	7.8	4805.4
建筑业总产值(亿元)						
2000	12497.60	5053.79	4035.84	99.18	67.49	3241.30
2005	34552.10	8432.03	2815.20	172.54	249.03	22883.30
2006	41557.16	9218.56	2904.48	240.52	274.87	28918.73
2007	51043.71	10630.90	3153.65	281.95	396.32	36580.90
2008	62036.81	12231.66	3216.43	321.07	387.14	45880.52
2009	76807.74	15190.05	3281.75	334.59	415.17	57586.19
2010	96031.13	18148.59	3655.27	443.96	439.68	73343.64
2011	116463.32	20436.81	4306.49	612.68	658.17	90449.18
2012	137217.86	22930.19	4919.00	649.74	476.99	108241.94
2013	160366.06	20739.02	4524.68	621.96	607.72	133872.68
2014	176713.42	22069.45	4681.80	661.67	643.20	148657.29
2015	180757.47	21767.07	4364.40	693.34	606.24	153326.42
2016	193566.78	23849.02	4388.75	683.99	525.21	164119.81
2017	213943.56	26414.38	4317.92	799.36	547.30	181864.60
2018	225816.86	28273.22	3615.37	743.74	639.04	192545.49
2019	248443.27	30662.35	3690.94	750.80	593.89	212745.29
2020	263947.39	34882.17	3457.26	1211.48	962.32	223434.18

注：1.本表1985年至1992年数据为全民和集体所有制建筑业企业数据，1993年至1995年数据为各种经济成分的建制镇以上建筑业企业数据，1996年至2001年数据为资质等级(旧资质)四级及四级以上建筑业企业数据，2002年及以后数据为所有具有施工总承包、专业承包资质等级的建筑业企业数据。不同口径数据不可比，以下各表同。

2.从业人员数1993年至1997年为年平均人数，1998年以后为期末从业人员数。

1-2 各地区历年建筑业总产值

单位：万元

地区	2014	2015	2016	2017	2018	2019	2020
全国总计	**1767134162**	**1807574736**	**1935667774**	**2139435590**	**2258168595**	**2484432707**	**2639473929**
北京	82097957	84367296	88411905	97367136	109416788	119993611	129058668
天津	41234862	44889031	48918102	42623475	37815074	40964960	43887908
河北	56257460	52525685	55176920	56559607	57223851	58479651	59480899
山西	31034918	29312627	33184739	35665732	40970544	46532791	51136434
内蒙古	14029344	11234710	12208089	11221932	10689875	10860592	11344414
辽宁	78511248	54137623	39267133	36883257	36355968	35544459	38153214
吉林	25209990	22163142	22835626	22183702	20254820	18631033	20057838
黑龙江	21507487	16803928	17166070	15600670	12170669	11813475	12063719
上海	54999411	56524682	60461948	64264178	71127184	78124676	82770378
江苏	245929317	247858134	257917605	279567105	309546945	330991812	352516381
浙江	226681864	239805916	249893700	272358259	206709525	203902033	209386134
安徽	54829260	56959353	60472899	68296702	79184845	85032583	93651164
福建	66892117	76058135	85314477	99936479	114110210	131644186	141180100
江西	41226336	46024920	51790284	61668126	68732092	79447970	86491592
山东	93134585	93817165	100874251	114777540	119397848	142692855	149472993
河南	79118891	80476477	88079865	100865825	112023953	127016795	131225641
湖北	100595890	105928564	118623973	133907311	151757525	169796656	161361079
湖南	60209689	66308249	73042164	84230021	96083829	108006192	118640283
广东	83565022	88656844	96523073	113720455	138626552	166334126	184298437
广西	26089057	29534213	34491858	42100723	44012477	54073065	58532426
海南	2763289	2786308	3077648	3227630	3576140	3659800	3913714
重庆	55522069	62569430	70358133	76056646	73445783	82229592	89749662
四川	80666569	87682363	99596805	114003379	136680267	146681509	156126956
贵州	16402443	19477443	23629517	29329581	33521903	37148892	40802409
云南	30546749	32689286	38672163	47263584	53340624	61220899	67248237
西藏	712462	1069180	1112848	1479179	1799320	2203066	2947413
陕西	45577098	47526147	53292345	62274691	70090938	78838885	85011279
甘肃	18145239	18490185	19472432	18254227	18079549	19163534	20492848
青海	4329067	4095059	4106249	4069313	4413167	4607240	5122427
宁夏	6251634	5245276	5112543	5492109	5669912	6014078	6418104
新疆	23062840	22557365	22582411	24187018	21340421	22781691	26931181

1–3　各地区历年建筑业企业利税总额

单位：万元

地　区	2014	2015	2016	2017	2018	2019	2020
全国总计	**119542527**	**121246415**	**129634961**	**138590949**	**154776743**	**154426453**	**154165698**
北　京	6875732	7349600	8917102	9432255	6871704	10475244	12818844
天　津	2777399	2799689	1893774	1425399	1501602	1662050	1452729
河　北	3350020	3168841	3154539	3117008	2964910	2865264	2719719
山　西	1920827	1791482	1875183	1912882	1994810	2115933	2474863
内蒙古	1249338	876431	1041437	947423	943683	751453	631424
辽　宁	4861814	3555861	2457749	2066967	2390085	1953583	1712790
吉　林	1986631	1699015	1706209	1605989	1836173	1546686	1380722
黑龙江	1139018	1009930	1033061	864225	773625	867760	647162
上　海	3830527	3850587	3979520	3766924	4011440	4026593	3788312
江　苏	17197193	17412582	18152927	19879894	22842235	22816044	23562656
浙　江	11978895	11860231	12251854	12862771	10261230	9774559	9327649
安　徽	3591232	3605796	3920993	4097385	5034891	4379597	4583433
福　建	4666004	5239494	5617680	6880843	8195276	8050251	8050868
江　西	2966238	3243655	3694775	3849524	4560910	4550761	4513564
山　东	7140505	6965335	7255596	8018715	7713996	7883886	7497037
河　南	5898465	6076899	8323331	8769455	10411834	10724505	9990385
湖　北	7321789	8581829	8723892	9125371	13276337	12480785	10386379
湖　南	4290182	4546480	5029670	5479262	7076268	7186053	7114647
广　东	6595583	6825711	7225411	8364654	9835724	10357153	10103114
广　西	1330585	1480038	1674973	1795576	2215979	2352380	1986548
海　南	204953	209769	251251	254367	360368	384026	337784
重　庆	4483103	5046994	5556924	5938185	5717873	5601269	5686040
四　川	4758121	4773725	5308407	5973766	9529940	7990039	9135598
贵　州	897638	1048181	1240056	1873186	2250700	1917629	2305400
云　南	2157574	2192726	2675437	3223259	4318247	4432133	4361717
西　藏	73675	117347	151126	257758	313456	391701	297124
陕　西	2841450	2857946	3219250	3421425	4414215	3775540	4240870
甘　肃	1249420	1223100	1282825	1290936	1230746	1420841	1206495
青　海	267847	266768	302159	249170	292192	202118	223484
宁　夏	417739	370798	415244	399642	350498	336279	349194
新　疆	1223033	1199575	1302610	1446735	1285799	1154341	1279145

1-4 各地区历年建筑业企业利润总额

单位：万元

地 区	2014	2015	2016	2017	2018	2019	2020
全国总计	**64071299**	**64512325**	**69860467**	**74917778**	**79748233**	**82795465**	**84477398**
北 京	4359641	4793765	6753169	7413574	4887684	8043695	10302116
天 津	1585585	1594082	975834	716017	861269	987415	663640
河 北	1631303	1556748	1546509	1625368	1393414	1439282	1301107
山 西	939166	938078	972077	1011316	961049	1001458	1192641
内蒙古	732513	466159	606330	522326	429093	322112	228477
辽 宁	2546761	1687885	1211374	1076331	1089840	819154	623826
吉 林	1103577	969580	911451	897599	883404	804305	662961
黑龙江	508877	465291	512383	375135	233972	435594	188613
上 海	2000895	1944607	2177425	2130971	2266242	2421887	2190375
江 苏	9804439	9853946	9926289	10602583	11617738	12299501	13255785
浙 江	5762559	5508776	5737787	6277004	4943850	4628135	4329014
安 徽	1933931	1868732	2036222	2120874	2548747	2322388	2449212
福 建	2341151	2631144	2794527	3381660	3864745	3880813	4180952
江 西	1564530	1628910	1868010	1979296	2279996	2320490	2378129
山 东	4248640	4071327	4152766	4654021	4030204	4124815	3940237
河 南	3210117	3374644	4385270	4739890	5360191	5887350	5448701
湖 北	3910209	4726061	4757195	5151008	7339060	6723995	5905623
湖 南	2081834	2163387	2303014	2467631	3175943	3245394	3346685
广 东	3725486	3848750	4182841	4610876	5409873	5702691	5416161
广 西	506360	543178	677543	757487	891299	1026862	872224
海 南	114985	114026	121232	124545	149536	160204	140693
重 庆	2741950	3069254	3265730	3401191	2954295	3030888	3100997
四 川	2311696	2214991	2664357	2790624	4841238	4002014	4980760
贵 州	352333	456094	601084	1010509	1218511	1056063	1349621
云 南	1209599	1235338	1470239	1631372	2374615	2547588	2320748
西 藏	45911	78414	115781	201138	216490	298300	185066
陕 西	1293256	1286412	1634188	1709967	2207152	1876936	2217443
甘 肃	637693	621023	643716	609139	551497	709078	529579
青 海	139149	141696	155138	108203	109487	71367	108698
宁 夏	211386	178708	199499	203533	152959	151945	132245
新 疆	515769	481322	501491	616592	504840	453747	535072

1–5　按经济类型划分的建筑业企业主要经济指标

指　标		合计	内资企业	#国有	#集体
企业个数	(个)	116722	116304	3746	2180
从业人员	(万人)	5367	5341	432	103
自有固定资产原价	(亿元)	21171	21012	3567	317
自有施工机械设备总台数	(万台)	817	814	70	29
自有施工机械设备净值	(亿元)	5249	5243	606	82
自有施工机械设备总功率	(万千瓦)	27322	27270	3275	453
建筑业总产值	(亿元)	263947	261774	34882	3457
房屋施工面积	(万平方米)	1494754	1479126	173140	22993
房屋竣工面积	(万平方米)	384822	382296	24142	9836
利润总额	(亿元)	8448	8305	1089	101
税金总额	(亿元)	6969	6921	694	179
按总产值计算劳动生产率	(元/人)	422898	422164	635664	318885
技术装备率	(元/人)	9781	9817	14013	7927
动力装备率	(千瓦/人)	5.1	5.1	7.6	4.4
房屋竣工率	(%)	25.7	25.8	13.9	42.8
产值利润率	(%)	3.2	3.2	3.1	2.9
产值利税率	(%)	5.8	5.8	5.1	8.1

1–5续表

指　标		港澳台商投资企业	#港澳台商独资企业	外商投资企业	#外　商独资企业
企业个数	(个)	235	74	183	69
从业人员	(万人)	18	3	8	3
自有固定资产原价	(亿元)	68	20	91	18
自有施工机械设备总台数	(万台)	2		1	
自有施工机械设备净值	(亿元)	2		4	1
自有施工机械设备总功率	(万千瓦)	30	3	21	2
建筑业总产值	(亿元)	1211	146	962	373
房屋施工面积	(万平方米)	12076	354	3551	1903
房屋竣工面积	(万平方米)	2087	68	438	208
利润总额	(亿元)	72	21	70	25
税金总额	(亿元)	20	4	28	10
按总产值计算劳动生产率	(元/人)	501365	437273	583930	612884
技术装备率	(元/人)	1294	1420	4964	3641
动力装备率	(千瓦/人)	1.7	1.1	2.8	0.9
房屋竣工率	(%)	17.3	19.4	12.3	10.9
产值利润率	(%)	5.9	14.2	7.3	6.8
产值利税率	(%)	7.6	16.6	10.2	9.5

1-6 建筑业企业主要经济指标完成情况

指　　标	计量单位	2020年	2019年	2020年比2019年增减(%)
建筑业企业个数	个	116722	103805	12.4
#大型企业	个	2916	2805	4.0
中型企业	个	29595	28551	3.7
小微型企业	个	84211	72449	16.2
从事建筑业活动的平均人数	万人	6241	6216	0.4
签订合同额	亿元	595538	545035	9.3
#本年新签合同额	亿元	325136	289232	12.4
建筑业总产值	亿元	263947	248443	6.2
建筑工程产值	亿元	232717	218661	6.4
安装工程产值	亿元	22080	21354	3.4
其他产值	亿元	9149	8429	8.5
竣工产值	亿元	122156	123832	-1.4
房屋施工面积	万平方米	1494754	1441505	3.7
房屋竣工面积	万平方米	384822	402336	-4.4
年末自有施工机械设备净值	亿元	5249	5845	-10.2
年末自有施工机械设备总功率	万千瓦	27322	25118	8.8
实收资本	亿元	43000	40615	5.9
资产总计	亿元	283033	256630	10.3
#流动资产	亿元	221696	200773	10.4
负债合计	亿元	197935	176473	12.2
营业收入	亿元	244864	232616	5.3
#大型企业	亿元	139293	129390	7.7
中型企业	亿元	81617	81509	0.1
小微型企业	亿元	23954	21717	10.3
利润总额	亿元	8448	8280	2.0
#大型企业	亿元	4927	4367	12.8
中型企业	亿元	2828	3103	-8.9
小微型企业	亿元	693	809	-14.4
税金总额	亿元	6969	7163	-2.7
按建筑业总产值计算的劳动生产率	元/人	422898	399674	
技术装备率	元/人	9781	10770	
动力装备率	千瓦/人	5.1	4.6	
人均利税	元/人	25045	25019	
房屋竣工率	%	25.7	27.9	
资产负债率	%	69.9	68.8	
产值利润率	%	3.2	3.3	
产值利税率	%	5.8	6.2	

1-7　各地区建筑业企业签订合同情况

单位：万元

地　区	签订合同额	上年结转合同额	本年新签合同额
全国总计	**5955383717**	**2704026097**	**3251357620**
北　京	418205994	224173101	194032893
天　津	133220122	68052693	65167429
河　北	141953040	63950406	78002634
山　西	120309527	45354200	74955327
内蒙古	35024702	16021228	19003475
辽　宁	79285224	27902220	51383004
吉　林	41609847	15468990	26140857
黑龙江	25864724	10852282	15012442
上　海	303108341	166876626	136231715
江　苏	580503775	234465135	346038640
浙　江	442072536	212583851	229488685
安　徽	204221798	83364179	120857619
福　建	280208310	123102299	157106011
江　西	140369104	52677802	87691302
山　东	291723232	112958887	178764345
河　南	259481818	100131715	159350103
湖　北	435923808	215364897	220558911
湖　南	252678837	114764850	137913987
广　东	519730814	262735068	256995746
广　西	115744041	53399772	62344269
海　南	10864234	5548319	5315915
重　庆	165037632	71783304	93254328
四　川	366684733	165095121	201589612
贵　州	117938202	61820309	56117893
云　南	137480671	57495210	79985461
西　藏	6522167	3167854	3354313
陕　西	198946383	83565527	115380856
甘　肃	47194057	19659414	27534643
青　海	14373436	7919694	6453743
宁　夏	10821092	3328418	7492674
新　疆	58281518	20442729	37838788

1-8 各地区建筑业企业承包工程完成情况

单位：万元

地区	直接从建设单位承揽工程完成的产值			从建设单位以外承揽工程完成的产值
		自行完成施工产值	分包出去工程的产值	
全国总计	**2591054892**	**2491990200**	**99064692**	**147483729**
北京	134356762	107525610	26831152	21533058
天津	42871788	40233151	2638636	3654757
河北	58097342	56944554	1152789	2536345
山西	49751670	49510543	241127	1625891
内蒙古	11304780	11240656	64124	103759
辽宁	36434632	35497721	936911	2655493
吉林	19633357	19394771	238586	663067
黑龙江	11970000	11721048	248953	342671
上海	89053241	70868394	18184848	11901985
江苏	330047546	328276121	1771426	24240260
浙江	204135827	199444086	4691741	9942048
安徽	91426518	90001303	1425215	3649861
福建	136912480	136466063	446417	4714037
江西	84026525	82701215	1325310	3790377
山东	145642005	143954755	1687249	5518237
河南	128395373	126905489	1489884	4320152
湖北	160009111	159092344	916768	2268736
湖南	115436186	114648864	787322	3991419
广东	192883523	173208973	19674550	11089464
广西	56899982	56428798	471185	2103629
海南	3906897	3885425	21473	28290
重庆	88376897	85819977	2556920	3929685
四川	151299450	146685094	4614356	9441862
贵州	40192343	39945599	246744	856810
云南	64477414	63725189	752225	3523048
西藏	2927559	2874848	52711	72565
陕西	82249714	77341190	4908524	7670089
甘肃	20631544	20246385	385160	246464
青海	4558868	4474583	84286	647844
宁夏	6471810	6361678	110132	56426
新疆	26673749	26565778	107971	365403

1-9 各地区建筑业总产值和竣工产值

单位：万元

地区	建筑业总产值	#装饰装修产值	#在外省完成的产值
全国总计	**2639473929**	**114941472**	**910707919**
北京	129058668	9850593	97717321
天津	43887908	1579291	28750636
河北	59480899	1712338	20031097
山西	51136434	1250136	16698263
内蒙古	11344414	239230	2755175
辽宁	38153214	1445921	12230232
吉林	20057838	620878	3417577
黑龙江	12063719	313393	2454815
上海	82770378	7515633	49158613
江苏	352516381	19125960	165382568
浙江	209386134	13438182	67421649
安徽	93651164	2233175	24586734
福建	141180100	4304820	64468910
江西	86491592	2848624	26849300
山东	149472993	7322074	31982416
河南	131225641	4323196	28649486
湖北	161361079	5190486	68712015
湖南	118640283	4063520	39754053
广东	184298437	13807639	43283075
广西	58532426	1214889	9754135
海南	3913714	193042	179975
重庆	89749662	2842131	19513760
四川	156126956	4479965	28741727
贵州	40802409	705975	10977102
云南	67248237	936865	5105476
西藏	2947413	98061	82393
陕西	85011279	2556183	30704396
甘肃	20492848	281533	3597699
青海	5122427	7963	2321590
宁夏	6418104	73322	997448
新疆	26931181	366456	4428285

1−9续表

单位：万元

地　区	按构成分组			竣工产值
	建筑工程产值	安装工程产值	其他产值	
全国总计	**2327174663**	**220804689**	**91494576**	**1221561218**
北　京	122457605	5469069	1131993	50477196
天　津	39365705	3734694	787509	12344200
河　北	48237025	7280169	3963705	22906618
山　西	43894954	5318288	1923192	18529215
内蒙古	9737356	609690	997368	4763398
辽　宁	31443121	5224244	1485849	18900220
吉　林	16444403	2340787	1272649	10708686
黑龙江	9622276	1801516	639927	4699710
上　海	70287379	10017911	2465088	39680304
江　苏	326788857	21807699	3919825	254830056
浙　江	185762292	18741646	4882195	110497454
安　徽	79641512	6786347	7223305	33865666
福　建	130441657	8934075	1804368	60210522
江　西	74366252	6521943	5603397	38827999
山　东	126698656	19574400	3199936	64132265
河　南	112565017	12941341	5719283	59906310
湖　北	142922017	12654107	5784955	69978351
湖　南	101106952	9728547	7804784	56587920
广　东	160866790	17684932	5746716	63633692
广　西	50099016	4682729	3750681	26132231
海　南	3365594	368917	179203	1815044
重　庆	81120768	5909030	2719864	37613464
四　川	136073775	13233982	6819199	66902605
贵　州	34488759	4017109	2296541	14288826
云　南	60909215	3697784	2641238	22624791
西　藏	2794080	78100	75233	1028714
陕　西	75112852	6388431	3509996	31334388
甘　肃	17569246	2295255	628347	7595765
青　海	4661018	358941	102468	2010728
宁　夏	5494896	775054	148154	3200688
新　疆	22835619	1827955	2267608	11534192

1-10　各地区建筑业企业房屋建筑面积

单位：万平方米、%

地　区	房屋施工面积	#本年新开工	房屋竣工面积	房屋竣工率
全国总计	**1494754**	**512409**	**384822**	**25.7**
北　京	88594	23714	9588	10.8
天　津	15245	3922	2453	16.1
河　北	35082	11765	7316	20.9
山　西	19966	7010	4945	24.8
内蒙古	7017	3090	1411	20.1
辽　宁	16235	5426	4021	24.8
吉　林	8447	4430	2893	34.2
黑龙江	3285	1646	923	28.1
上　海	53799	13548	8151	15.2
江　苏	267408	93080	77803	29.1
浙　江	180786	54452	40742	22.5
安　徽	49377	17415	14442	29.2
福　建	82579	26867	18202	22.0
江　西	34236	16583	13912	40.6
山　东	86160	32080	21310	24.7
河　南	65957	22980	19413	29.4
湖　北	85268	32487	26560	31.1
湖　南	67979	25939	21237	31.2
广　东	91891	29176	19264	21.0
广　西	28695	8453	8296	28.9
海　南	1824	489	300	16.4
重　庆	38123	15008	14050	36.9
四　川	67655	28123	22573	33.4
贵　州	17168	5998	3952	23.0
云　南	20129	7514	6238	31.0
西　藏	477	247	205	43.0
陕　西	37555	10759	7311	19.5
甘　肃	10903	3815	2383	21.9
青　海	928	329	356	38.3
宁　夏	2108	1013	757	35.9
新　疆	9881	5054	3816	38.6

1-11 各地区按主要用途分的建筑业企业房屋竣工面积

单位：万平方米

地区	总计	住宅房屋	商业及服务用房屋			
				商厦房屋(批发和零售用房)	宾馆用房屋(住宿用房)	餐饮用房屋(餐饮用房)
全国总计	**384822**	**259081**	**25702**	**9098**	**2358**	**602**
北京	9588	5908	1552	700	111	77
天津	2453	1651	99	68		1
河北	7316	5146	413	157	21	2
山西	4945	2980	491	83	14	2
内蒙古	1411	1085	61	29	3	
辽宁	4021	2878	248	49	19	3
吉林	2893	2283	97	28	11	1
黑龙江	923	691	31	6	5	
上海	8151	4845	1068	366	152	2
江苏	77803	57034	2538	848	425	105
浙江	40742	22589	2540	991	210	99
安徽	14442	9720	821	419	49	21
福建	18202	12919	1166	501	61	7
江西	13912	8423	1192	393	68	18
山东	21310	14513	1077	288	59	59
河南	19413	13893	1443	314	179	40
湖北	26560	17899	2352	1417	295	15
湖南	21237	14355	1593	599	163	19
广东	19264	12871	920	344	98	15
广西	8296	4936	576	190	64	13
海南	300	165	63	39	20	
重庆	14050	10503	757	232	38	13
四川	22573	16420	1596	549	78	53
贵州	3952	2782	352	41	79	4
云南	6238	4007	609	197	21	21
西藏	205	156	8	1	2	
陕西	7311	4833	421	127	60	6
甘肃	2383	1537	140	46	32	3
青海	356	217	21	5	2	
宁夏	757	362	81	29	2	
新疆	3816	1482	1377	41	18	4

1-11 续表1

单位：万平方米

地 区	商务会展用房屋	其他商业及服务用房屋(居民服务业用房)	办公用房屋	科研、教育和医疗用房屋	科学研究用房屋	教育用房屋
全国总计	**2150**	**11494**	**16284**	**18181**	**1869**	**11969**
北 京	175	488	514	515	81	274
天 津	3	27	83	136	14	90
河 北	19	213	234	405	44	246
山 西	9	383	197	363	9	162
内 蒙 古		29	50	69		53
辽 宁	5	172	112	76	1	60
吉 林	6	52	110	73	4	49
黑 龙 江	1	18	15	37	2	26
上 海	64	484	411	277	13	205
江 苏	748	412	3012	2402	258	1613
浙 江	219	1022	1982	1479	167	929
安 徽	20	312	478	497	33	359
福 建	33	563	712	534	21	383
江 西	13	700	828	734	48	481
山 东	270	401	1226	1364	366	746
河 南	107	803	840	1064	54	801
湖 北	96	530	1114	1605	294	790
湖 南	67	746	960	1410	89	1048
广 东	55	408	673	855	90	583
广 西	40	269	466	1014	97	626
海 南		4	12	26		25
重 庆	32	443	532	421	12	330
四 川	78	839	609	891	75	554
贵 州	23	205	121	318	19	245
云 南	49	321	416	469	30	358
西 藏		5	9	10	1	6
陕 西	14	214	278	634	24	542
甘 肃	2	57	92	226	13	166
青 海		13	27	29		22
宁 夏	2	48	23	61	5	44
新 疆	1	1313	147	187	5	154

1-11 续表2

单位：万平方米

地区	医疗用房屋(卫生医疗用房)	文化、体育和娱乐用房屋	厂房及建筑物	#厂房	仓库	其他未列明的房屋建筑物
全国总计	**4343**	**3691**	**48532**	**31447**	**2689**	**10662**
北京	160	157	584	515	26	331
天津	32	16	270	175	41	158
河北	116	74	774	528	41	230
山西	193	118	379	218	28	388
内蒙古	15	13	89	63	6	38
辽宁	16	12	563	265	32	101
吉林	19	11	224	148	7	89
黑龙江	10	3	104	73	6	38
上海	59	167	1040	604	152	191
江苏	531	534	10658	8016	449	1175
浙江	382	367	10269	7257	753	765
安徽	106	53	2399	1264	63	411
福建	130	110	2542	1428	59	161
江西	205	178	2082	1269	106	369
山东	252	237	2280	1350	110	503
河南	209	191	1420	763	124	438
湖北	521	300	2425	1351	98	766
湖南	273	240	1872	1187	171	635
广东	182	124	2780	1729	84	957
广西	290	147	683	409	72	403
海南	1	3	13	7		17
重庆	79	66	1239	620	43	491
四川	262	300	1912	1016	127	719
贵州	54	26	187	117	12	154
云南	81	70	342	160	23	303
西藏	2	1	5	1		17
陕西	69	103	715	454	12	315
甘肃	47	15	147	104	25	202
青海	7	23	11	8	1	28
宁夏	13	5	134	119	4	87
新疆	28	30	391	227	16	186

1-12 各地区按主要用途分的建筑业企业房屋竣工价值

单位：万元

地区	总计	住宅房屋	商业及服务用房屋	商厦房屋(批发和零售用房)	宾馆用房屋(住宿用房)	餐饮用房屋(餐饮用房)
全国总计	**718818860**	**474907751**	**50392775**	**18058080**	**4729087**	**1265613**
北京	26341311	14464536	4569752	1877562	457359	183644
天津	4988054	3068288	193427	88492	531	1721
河北	12315522	8388630	634416	288734	37884	5669
山西	8041759	5062337	546297	144661	15751	1308
内蒙古	2378006	1718951	116189	48940	10511	310
辽宁	6538372	4737560	404074	36414	26933	4953
吉林	4754029	3574659	166959	44381	18992	545
黑龙江	1472991	1085814	74098	9452	18940	5758
上海	19379840	10289486	3242893	808039	278880	3794
江苏	165424378	121745565	5326456	1433021	1010069	283413
浙江	74381541	42810388	5713948	2224230	488586	209630
安徽	21002583	14454821	1254126	624944	57364	26214
福建	36392976	26470599	2383070	1048210	184248	19514
江西	23315433	13315335	2392261	671337	97488	42355
山东	39894396	25653265	2123196	541745	141951	53911
河南	31536093	21971207	3062352	566693	224739	53194
湖北	45329385	28187503	4365868	2931770	350062	25375
湖南	34348261	22141931	2535821	1007919	182530	26311
广东	35155613	23682661	2067006	883830	206261	30630
广西	16325658	9394218	1159612	328490	175324	22921
海南	780830	411649	189845	113430	68388	
重庆	21692557	15535560	1499676	413478	85165	18490
四川	39229834	28445945	2826617	1036479	145392	170124
贵州	7733545	5038766	669648	95610	156184	6238
云南	11950060	7830179	1171384	335760	37526	34611
西藏	509120	388169	22796	2166	6764	428
陕西	16304358	8889606	865816	235489	134478	17739
甘肃	4353223	2705369	244405	74383	62005	4722
青海	751837	485175	49565	14272	4842	501
宁夏	1469054	534626	177438	57916	4525	1012
新疆	4728243	2424955	343766	70236	39417	10578

1-12 续表1

单位：万元

地 区	商务会展用房屋	其他商业及服务用房屋(居民服务业用房)	办公用房屋	科研、教育和医疗用房屋	科学研究用房屋	教育用房屋
全国总计	**5300075**	**21039919**	**34562895**	**43288350**	**4187686**	**29078992**
北京	473350	1577838	2158646	1866265	360831	1057920
天津	10048	92635	225810	452024	62744	315631
河北	27737	274393	406200	836559	82399	500400
山西	40552	344025	343082	576177	12304	368621
内蒙古	395	56033	106204	172539	848	124413
辽宁	17604	318171	207304	106966	568	80680
吉林	9179	93862	208557	198847	9464	135181
黑龙江	1030	38919	26678	97702	5839	75610
上海	178650	1973530	1069479	1044493	38336	782723
江苏	1789447	810505	7148229	6485376	653683	4466460
浙江	625600	2165902	4197808	3944591	385207	2525855
安徽	42596	503007	687269	801682	55819	587726
福建	64592	1066506	1239302	1392891	91671	962215
江西	17946	1563136	1737163	1498455	97842	889626
山东	548204	837385	2994924	3025720	681135	1753635
河南	305049	1912677	1407742	1801044	84336	1329505
湖北	246240	812421	2322802	3332509	517161	1740795
湖南	57986	1261074	1644383	2905016	260199	2028292
广东	173490	772795	1195088	1876666	218995	1343082
广西	156835	476041	970566	2296790	164763	1380697
海南		8027	27632	77867	17	72783
重庆	97185	885359	782572	979569	23054	837642
四川	149999	1324623	1051163	2250379	171395	1434001
贵州	39083	372533	252881	743306	50958	536992
云南	199405	564082	742995	1023455	51086	791194
西藏	505	12933	19920	27120	1280	21529
陕西	19395	458715	707861	2155499	48602	1925564
甘肃	1966	101330	178462	502122	19604	394280
青海	12	29938	64392	76468	19	52540
宁夏	4863	109123	64573	216835	11745	165260
新疆	1135	222401	373210	523420	25784	398141

1-12 续表2

单位：万元

地 区	医疗用房屋（卫生医疗用房）	文化、体育和娱乐用房屋	厂房及建筑物	#厂房	仓 库	其他未列明的房屋建筑物
全国总计	**10021672**	**9312278**	**78693525**	**51906596**	**4812995**	**22848292**
北 京	447514	595878	1363377	1247442	55062	1267794
天 津	73649	27930	562334	433832	99662	358580
河 北	253760	208113	1237001	944549	74806	529797
山 西	195252	229959	792041	377289	31096	460771
内蒙古	47278	59599	124658	78545	9635	70231
辽 宁	25717	23444	855758	355605	54974	148293
吉 林	54202	37357	416660	314954	7486	143504
黑龙江	16252	5244	131943	88773	6523	44989
上 海	223433	500392	2267679	1321411	274888	690530
江 苏	1365234	1612680	19614872	14493125	814719	2676481
浙 江	1033529	868124	13875988	10202936	1356329	1614365
安 徽	158137	146755	2873823	1528834	89398	694709
福 建	339005	221690	4245653	2375456	116014	323758
江 西	510987	308722	3336854	1907451	212653	513990
山 东	590951	863832	3885925	2518486	159708	1187827
河 南	387202	410305	1902335	1051625	152966	828142
湖 北	1074553	725634	3581753	2065654	140713	2672604
湖 南	616525	487412	3141963	2124972	402730	1089006
广 东	314589	279184	4310986	2726540	194084	1549937
广 西	751330	353544	980411	588685	125893	1044625
海 南	5067	6417	25362	12411		42059
重 庆	118873	84439	1940770	1001728	74991	794981
四 川	644983	319573	3043471	1524764	143228	1149459
贵 州	155357	49546	541520	425004	34376	403502
云 南	181175	140124	586535	297463	34104	421284
西 藏	4310	1298	9736	2197	968	39113
陕 西	181333	627813	1797653	1029877	19174	1240937
甘 肃	88239	30950	277081	207664	88748	326087
青 海	23909	12155	16544	10540	830	46708
宁 夏	39831	14413	280838	246696	8221	172109
新 疆	99496	59750	672003	402090	29017	302121

1-13 各地区建筑业企业施工机械设备情况

地区	年末自有施工机械设备总台数(台)	年末自有施工机械设备总功率(千瓦)	年末自有施工机械设备净值(万元)	技术装备率(元/人)	动力装备率(千瓦/人)
全国总计	**8166436**	**273217713**	**52494828**	**9781.1**	**5.1**
北京	85269	4263417	2527155	48358.8	8.2
天津	66214	3594531	869100	13192.3	5.5
河北	336097	7808983	1358377	16678.5	9.6
山西	209405	6860629	1283306	14699.9	7.9
内蒙古	47931	1511679	386533	21453.7	8.4
辽宁	118903	4925949	1165986	19160.0	8.1
吉林	51408	1298456	473343	15139.1	4.2
黑龙江	122333	2295008	446909	19245.5	9.9
上海	47617	2026309	961337	12225.8	2.6
江苏	1717379	52046519	10853178	12693.7	6.1
浙江	670593	15579073	3388138	6235.8	2.9
安徽	207255	4722455	1106852	5440.5	2.3
福建	300843	13009389	2106070	4358.6	2.7
江西	245107	6001954	1233788	7478.9	3.6
山东	575661	52849717	5390570	19638.8	19.3
河南	598334	14274662	3056238	10624.2	5.0
湖北	381954	16947843	2550228	11718.0	7.8
湖南	611196	10121969	1987291	7048.9	3.6
广东	480008	14017382	2919497	8544.7	4.1
广西	120941	2232973	554403	4411.3	1.8
海南	6026	158689	45724	6372.4	2.2
重庆	131113	3555559	911335	4207.0	1.6
四川	299738	9700172	2041085	5189.2	2.5
贵州	80437	3328874	501282	6180.7	4.1
云南	148985	5168550	1064539	7841.7	3.8
西藏	4890	200749	60434	11530.0	3.8
陕西	267449	7991150	1426528	9964.8	5.6
甘肃	143600	3259385	1312175	26874.7	6.7
青海	23080	819663	161431	22362.8	11.4
宁夏	15780	361369	76918	6378.2	3.0
新疆	50890	2284656	275079	7127.4	5.9

1-14 各地区建筑业企业建筑材料消耗情况

地区	钢材(吨)	木材(立方米)	水泥(吨)	平板玻璃		铝材(吨)
				重量箱	平方米	
全国总计	**989292324**	**539284240**	**2320256266**	**186567614**	**1068564695**	**61718522**
北 京	29206136	12640731	41551096	1507284	4663097	312189
天 津	11931723	2478761	23107231	371134	1570156	322944
河 北	20587911	12575705	48207366	1820944	10880836	756101
山 西	14018568	4965195	32746697	1064017	10167266	738866
内蒙古	3426119	1959085	7237814	242413	2889842	94891
辽 宁	13965288	7257662	24491542	1138347	8280927	544212
吉 林	4072790	3884448	8889189	371788	3057509	512027
黑龙江	12820189	9540597	10801772	232827	1593789	72478
上 海	27355685	7953254	24112793	1034731	7496150	708273
江 苏	115882385	44196850	260396603	27515901	186845728	4780529
浙 江	93973513	43114127	249458527	28982205	152043749	6983064
安 徽	34558921	14855802	127295943	4789119	30924345	2685496
福 建	69600755	57204869	274250775	48012827	184192007	9435577
江 西	46627585	23356349	95450924	6718666	35069364	2800189
山 东	45037054	22602637	82840785	7996795	49943123	2113181
河 南	61749788	25527062	117515379	5426016	42765485	3722817
湖 北	63080736	53031011	134234324	8859266	63980856	4518099
湖 南	43493090	37592368	119929717	10188365	69188370	2919235
广 东	50212177	28004744	113888270	12388303	58655290	3629830
广 西	15005992	11429245	38356253	1888876	15573059	1927846
海 南	1144422	1145966	3265465	145540	933519	145502
重 庆	25504783	14876792	62017808	3103009	18663845	1848250
四 川	83496128	50536476	204105408	6356789	52295167	5120267
贵 州	16402070	9571720	34758251	2032027	15253547	2495894
云 南	28844035	17751568	52183064	1631358	12123262	612535
西 藏	366991	342746	1108876	11045	284952	25705
陕 西	30703353	8595471	88421962	1339959	18867089	854971
甘 肃	15107813	4346811	17281787	568143	4292155	514417
青 海	2227516	971317	3780851	79435	504507	27175
宁 夏	1400448	1129712	4509628	265164	1270633	279143
新 疆	7488360	5845159	14060166	485321	4295071	216819

1-15 各地区建筑业企业主要生产效益指标

地区	建筑业企业个数(个)	从事建筑业活动的平均人数(人)	按总产值计算的劳动生产率(元/人)	人均竣工产值(元/人)	人均施工面积(平方米/人)	人均竣工面积(平方米/人)
全国总计	**116722**	**62414028**	**422898**	**195719**	**239.5**	**61.7**
北京	2503	2135981	604213	236319	414.8	44.9
天津	1932	1116743	392999	110538	136.5	22.0
河北	2940	984743	604025	232615	356.3	74.3
山西	3357	1213358	421446	152710	164.5	40.8
内蒙古	1014	239792	473094	198647	292.6	58.8
辽宁	5635	791696	481917	238731	205.1	50.8
吉林	2511	376742	532402	284245	224.2	76.8
黑龙江	2237	353436	341327	132972	93.0	26.1
上海	2365	1239746	667640	320068	433.9	65.7
江苏	11000	9739582	361942	261644	274.6	79.9
浙江	8004	5819365	359809	189879	310.7	70.0
安徽	5692	2044490	458066	165644	241.5	70.6
福建	6774	4934786	286092	122012	167.3	36.9
江西	3751	1772162	488057	219100	193.2	78.5
山东	8081	3059136	488612	209642	281.6	69.7
河南	7415	3100011	423307	193245	212.8	62.6
湖北	4633	2145533	752079	326158	397.4	123.8
湖南	3338	3030519	391485	186727	224.3	70.1
广东	7587	3727765	494394	170702	246.5	51.7
广西	1913	1453851	402603	179745	197.4	57.1
海南	250	78493	498607	231236	232.3	38.2
重庆	3335	2445069	367064	153834	155.9	57.5
四川	7067	4562349	342207	146641	148.3	49.5
贵州	1770	936663	435615	152550	183.3	42.2
云南	3449	1873488	358947	120763	107.4	33.3
西藏	402	62788	469423	163839	76.0	32.7
陕西	3416	1686664	504020	185777	222.7	43.3
甘肃	1827	532359	384944	142681	204.8	44.8
青海	383	98226	521494	204704	94.4	36.2
宁夏	654	212116	302575	150893	99.4	35.7
新疆	1487	646376	416649	178444	152.9	59.0

1-16 各地区建筑业企业资产构成

单位：万元

地区	资产总计	#流动资产合计	#存货
全国总计	**2830325536**	**2216957880**	**347759573**
北京	317532577	193676207	14672367
天津	74155181	58717191	4919957
河北	73928708	62080426	10462718
山西	74969739	56859722	6866743
内蒙古	22875115	18131762	2761111
辽宁	64212061	53359861	7119197
吉林	29641011	24178801	3114836
黑龙江	23082728	19669460	2731918
上海	122997381	102637993	12790825
江苏	244860272	207416925	44445526
浙江	158459963	133334786	28791486
安徽	83421948	67044343	8879237
福建	80267653	66615960	11951162
江西	59227936	48811774	11526359
山东	165350371	137501469	27435084
河南	113435204	89870747	14331452
湖北	158178995	119839926	22554855
湖南	79861193	59633161	9025245
广东	250196903	202710815	24726789
广西	39009680	33398600	5088879
海南	4854960	4213759	316608
重庆	70489549	56660732	11149095
四川	150390380	114665036	23239821
贵州	78291864	64686054	8503340
云南	89298941	57598151	8000127
西藏	7601802	6136233	541866
陕西	101068195	84146532	10642272
甘肃	37704212	28583068	4872282
青海	8093314	6075619	801758
宁夏	8002806	7074381	1219835
新疆	38864896	31628391	4276826

1-17 各地区建筑业企业固定资产情况

单位：万元

地区	固定资产原价	累计折旧	#本年折旧	在建工程
全国总计	**211710939**	**99763160**	**13967090**	**35067147**
北京	9563809	5187572	753948	585897
天津	5700546	3104693	372381	325710
河北	7891452	4104136	375015	1076877
山西	5584311	2943215	456850	1034228
内蒙古	2478929	1222654	163715	356472
辽宁	6851276	3689962	352109	493571
吉林	3468636	1244914	154053	591277
黑龙江	2588248	1359672	152311	172485
上海	7776678	4390474	484195	440451
江苏	23742160	10609993	1626494	2885921
浙江	14045325	6710744	891326	1191384
安徽	6752913	2994659	418070	986433
福建	7445672	3311217	522263	703304
江西	4860259	2081257	318829	1113531
山东	14914446	6905148	1003672	1851674
河南	12524330	5339821	945176	2177600
湖北	14500557	6937834	1058540	4045354
湖南	7780966	3221347	511693	1911825
广东	11522581	5556979	749558	2539029
广西	2558436	1245109	189088	529000
海南	174470	94344	13609	54972
重庆	4762361	2216701	355167	1227121
四川	9940660	4497501	620839	4094530
贵州	2194773	891549	118549	1804190
云南	5528477	2411766	362955	573623
西藏	373021	124869	20710	92108
陕西	7525273	3882306	543074	753092
甘肃	3545347	1061206	150846	488077
青海	907608	454894	34952	101510
宁夏	777265	369934	49109	39397
新疆	3430155	1596691	197995	826504

1-18　各地区建筑业企业负债及所有者权益

单位：万元

地　区	负债合计	#流动负债	#应付账款	所有者权益	#实收资本
全国总计	**1979346782**	**1784669915**	**707050671**	**851002376**	**430003411**
北　京	212481297	186543410	69050853	105051321	34655923
天　津	59063324	55193882	23150343	15091858	9247830
河　北	54426890	49324886	21809075	19502119	13188004
山　西	56021043	50776332	21512597	18948696	11821437
内蒙古	16105506	15350506	5518254	6769609	4250442
辽　宁	46704728	42531305	14702680	17504744	10756114
吉　林	19860813	18579058	6533149	9780198	5298335
黑龙江	16196673	15485603	5935875	6886055	5277542
上　海	95613795	92563150	42989274	27383586	14190972
江　苏	146203607	136725011	52768571	98656804	39796915
浙　江	107602276	103168881	40977738	50857687	27065561
安　徽	58596959	52401673	19975831	24826120	13011210
福　建	48945081	44587440	14421498	31322627	17825301
江　西	38273126	34036945	13203790	20954810	12520540
山　东	124759090	116382298	47386633	40591281	22467704
河　南	73772451	66814593	23001191	39662753	22791668
湖　北	107544116	91749325	40292830	50635241	19658437
湖　南	53059436	45332469	18769691	26801756	13674490
广　东	188507786	169241794	59326681	61689194	32198696
广　西	28841931	26369142	11098168	10187016	6182245
海　南	2829066	2704819	982594	2025895	1219997
重　庆	50319115	43746597	17336286	20169167	10248235
四　川	106859090	90000438	37573513	43537450	24965171
贵　州	59650511	50096567	18635798	18641353	6781734
云　南	57529816	47515156	18428179	31769125	20491815
西　藏	5112006	4132351	1257342	2489795	973567
陕　西	77314284	72550895	35578575	23753911	15511814
甘　肃	26355238	23514562	9723115	11348974	5686830
青　海	5590259	5044398	2147018	2503055	1639825
宁　夏	5711010	5542779	2499253	2291795	1610412
新　疆	29496460	26663652	10464278	9368382	4994649

1-19 各地区建筑业企业收入情况

单位：万元

地区	主营业务收入	主营业务成本	主营业务税金及附加	其他业务收入	其他业务利润
全国总计	**2412673878**	**2216879171**	**16660685**	**35971102**	**2173359**
北京	162846985	151308409	400682	939734	301941
天津	45350162	41668544	113662	736321	41980
河北	54363320	50460555	331878	2030475	67517
山西	52355143	48232901	186047	696428	68102
内蒙古	12784375	11807981	81212	203806	34213
辽宁	36934641	33865660	242754	1662782	36709
吉林	18794670	17036173	154648	423095	18893
黑龙江	13350757	12502178	90708	319064	1251
上海	107093348	100247204	254494	510599	149541
江苏	306134391	280321746	2138240	1815461	223612
浙江	176747472	165007783	802556	1448975	171872
安徽	74282827	68056077	462297	1727117	65976
福建	112437079	102708437	1305438	1534191	55134
江西	63925927	58677212	700835	1680289	45669
山东	140946998	129902718	838294	735600	126250
河南	111395858	99578834	1533238	2965941	102823
湖北	146178839	132108736	1307202	1843651	65524
湖南	102086709	92905520	1372233	694680	36053
广东	192909901	177419178	830888	1658116	200409
广西	39276441	36686253	205109	1067667	10202
海南	4094561	3814016	24342	58719	1654
重庆	70869984	63994935	699054	1425847	53290
四川	128885392	117027982	1161766	3280655	77275
贵州	38974455	36305751	165193	721248	28044
云南	54493209	49419012	464460	1228971	59604
西藏	3555590	3170548	22099	52125	828
陕西	80005878	74573004	461081	2979626	60695
甘肃	21551748	20631826	132139	945407	22657
青海	6178320	5721409	27037	260528	777
宁夏	6864864	6433367	33153	47161	9692
新疆	27004037	25285222	117949	276827	35178

1-20　各地区建筑业企业费用情况

单位：万元

地　区	管理费用	销售费用	研发费用	财务费用	#利息收入	#利息支出
全国总计	**70488868**	**7183596**	**23724246**	**16320635**	**5649305**	**15019096**
北　京	4266636	463735	2995072	686190	1470796	2153629
天　津	1469667	127977	980830	544315	230502	486903
河　北	1718118	106473	544088	511733	77220	358398
山　西	1868087	89184	1043843	394809	463500	456067
内蒙古	522380	13912	43802	144883	7922	129793
辽　宁	1672841	96236	322156	455029	49429	284218
吉　林	709169	37401	86428	191479	9057	115668
黑龙江	662719	29629	66381	85831	18987	75504
上　海	2708433	281537	2140348	335015	292982	415342
江　苏	8194035	1040002	1159542	1859304	280562	1385759
浙　江	4641327	392669	1175707	904726	210199	870675
安　徽	2336798	310661	733684	588162	136730	421664
福　建	3237478	305186	441358	444760	46432	277150
江　西	1831104	166458	458769	366638	28961	245821
山　东	4213827	289676	1426872	1081187	173834	809074
河　南	3542399	492114	957509	834929	139184	497222
湖　北	4247915	590414	1855002	807079	266301	705761
湖　南	3002585	321624	1423434	559681	182289	487322
广　东	5327978	590829	2637602	1624265	452450	1443372
广　西	1152938	42291	323791	261392	47575	202868
海　南	107041	5493	4324	13502	413	10711
重　庆	2148327	268002	354870	631035	89184	439936
四　川	4284006	622881	923009	1089756	274695	776732
贵　州	900831	44687	228382	424996	82339	341388
云　南	1546988	171859	281270	666492	95750	635818
西　藏	120206	8130	4876	22480	24651	39782
陕　西	2132532	169977	782489	294430	293115	413018
甘　肃	698727	66597	80011	184481	156238	232914
青　海	214190	3158	86561	43610	2094	46105
宁　夏	226945	10809	26824	32489	1946	18094
新　疆	782641	23995	135415	235960	43969	242389

1-21 各地区建筑业企业利润及税金情况

单位：万元

地区	利润总额	#所得税费用	税金总额	主营业务税金及附加	应交增值税
全国总计	**84477398**	**15943982**	**69688300**	**16660685**	**53027616**
北京	10302116	691788	2516728	400682	2116047
天津	663640	181865	789090	113662	675427
河北	1301107	313354	1418612	331878	1086734
山西	1192641	159451	1282222	186047	1096176
内蒙古	228477	81570	402947	81212	321735
辽宁	623826	218915	1088963	242754	846210
吉林	662961	175918	717762	154648	563113
黑龙江	188613	66265	458549	90708	367841
上海	2190375	351379	1597938	254494	1343444
江苏	13255785	2865353	10306872	2138240	8168632
浙江	4329014	965449	4998635	802556	4196079
安徽	2449212	408002	2134221	462297	1671924
福建	4180952	1100606	3869917	1305438	2564478
江西	2378129	501003	2135435	700835	1434601
山东	3940237	738179	3556800	838294	2718506
河南	5448701	906508	4541684	1533238	3008445
湖北	5905623	1319399	4480756	1307202	3173554
湖南	3346685	572364	3767962	1372233	2395729
广东	5416161	1186681	4686953	830888	3856065
广西	872224	207992	1114325	205109	909216
海南	140693	69036	197092	24342	172749
重庆	3100997	510028	2585043	699054	1885990
四川	4980760	899891	4154839	1161766	2993073
贵州	1349621	285759	955779	165193	790586
云南	2320748	490113	2040969	464460	1576509
西藏	185066	28346	112059	22099	89959
陕西	2217443	338412	2023426	461081	1562345
甘肃	529579	113514	676917	132139	544778
青海	108698	17455	114786	27037	87749
宁夏	132245	31061	216950	33153	183797
新疆	535072	148329	744072	117949	626124

1–22　各地区建筑业企业应收工程款及企业亏损情况

地　区	应收工程款(万元)	企业个数(个)	#亏损企业个数	亏损企业的比重(%)
全国总计	**646750608**	**116722**	**22265**	**19.1**
北　京	41031146	2503	745	29.8
天　津	15914659	1932	483	25.0
河　北	19024347	2940	549	18.7
山　西	19624631	3357	795	23.7
内蒙古	6653479	1014	261	25.7
辽　宁	17414851	5635	1715	30.4
吉　林	10416071	2511	522	20.8
黑龙江	6091727	2237	618	27.6
上　海	24658984	2365	567	24.0
江　苏	68023013	11000	942	8.6
浙　江	36334321	8004	1979	24.7
安　徽	21597929	5692	928	16.3
福　建	18071683	6774	866	12.8
江　西	13924596	3751	373	9.9
山　东	44364762	8081	1730	21.4
河　南	24736078	7415	947	12.8
湖　北	32396050	4633	767	16.6
湖　南	17757307	3338	356	10.7
广　东	55853801	7587	1508	19.9
广　西	10256431	1913	501	26.2
海　南	1126106	250	49	19.6
重　庆	18584669	3335	557	16.7
四　川	29595813	7067	912	12.9
贵　州	17551789	1770	485	27.4
云　南	18713865	3449	926	26.8
西　藏	1611324	402	60	14.9
陕　西	29916002	3416	689	20.2
甘　肃	8672393	1827	575	31.5
青　海	1534198	383	120	31.3
宁　夏	3125378	654	227	34.7
新　疆	12173207	1487	513	34.5

1-23 各地区建筑业企业主要经济效益指标

地　区	产值利润率(%)	产值利税率(%)	资本利润率(%)	资本利税率(%)	人均利润(元/人)	人均利税(元/人)	资产负债率(%)
全国总计	**3.2**	**5.8**	**19.6**	**35.9**	**13535**	**24700**	**69.9**
北　京	8.0	9.9	29.7	37.0	48231	60014	66.9
天　津	1.5	3.3	7.2	15.7	5943	13009	79.6
河　北	2.2	4.6	9.9	20.6	13213	27619	73.6
山　西	2.3	4.8	10.1	20.9	9829	20397	74.7
内蒙古	2.0	5.6	5.4	14.9	9528	26332	70.4
辽　宁	1.6	4.5	5.8	15.9	7880	21634	72.7
吉　林	3.3	6.9	12.5	26.1	17597	36649	67.0
黑龙江	1.6	5.4	3.6	12.3	5337	18311	70.2
上　海	2.6	4.6	15.4	26.7	17668	30557	77.7
江　苏	3.8	6.7	33.3	59.2	13610	24193	59.7
浙　江	2.1	4.5	16.0	34.5	7439	16029	67.9
安　徽	2.6	4.9	18.8	35.2	11980	22418	70.2
福　建	3.0	5.7	23.5	45.2	8472	16315	61.0
江　西	2.7	5.2	19.0	36.0	13419	25469	64.6
山　东	2.6	5.0	17.5	33.4	12880	24507	75.5
河　南	4.2	7.6	23.9	43.8	17576	32227	65.0
湖　北	3.7	6.4	30.0	52.8	27525	48409	68.0
湖　南	2.8	6.0	24.5	52.0	11043	23477	66.4
广　东	2.9	5.5	16.8	31.4	14529	27102	75.3
广　西	1.5	3.4	14.1	32.1	5999	13664	73.9
海　南	3.6	8.6	11.5	27.7	17924	43034	58.3
重　庆	3.5	6.3	30.3	55.5	12683	23255	71.4
四　川	3.2	5.9	20.0	36.6	10917	20024	71.1
贵　州	3.3	5.7	19.9	34.0	14409	24613	76.2
云　南	3.5	6.5	11.3	21.3	12387	23281	64.4
西　藏	6.3	10.1	19.0	30.5	29475	47322	67.2
陕　西	2.6	5.0	14.3	27.3	13147	25144	76.5
甘　肃	2.6	5.9	9.3	21.2	9948	22663	69.9
青　海	2.1	4.4	6.6	13.6	11066	22752	69.1
宁　夏	2.1	5.4	8.2	21.7	6235	16462	71.4
新　疆	2.0	4.7	10.7	25.6	8278	19789	75.9

二、按经济类型分组的建筑业企业

2−1　各地区国有建筑业企业签订合同情况

单位：万元

地　区	签订合同额	上年结转合同额	本年新签合同额
全国总计	**1089370850**	**562603178**	**526767673**
北　京	103420259	54805956	48614303
天　津	24003480	14675880	9327600
河　北	26209299	14162550	12046749
山　西	15809530	4445759	11363771
内蒙古	16959248	7948397	9010851
辽　宁	13740652	4751041	8989611
吉　林	2455040	646620	1808421
黑龙江	8333351	3838920	4494431
上　海	100305127	52946152	47358975
江　苏	40890969	20675222	20215747
浙　江	6126736	3123387	3003349
安　徽	34392623	16691369	17701254
福　建	30290180	19843532	10446648
江　西	8149415	4189773	3959643
山　东	45679080	17104262	28574819
河　南	22865363	12087089	10778274
湖　北	161502161	97035937	64466224
湖　南	40236213	17171478	23064735
广　东	128587796	64850821	63736975
广　西	20898740	11558835	9339906
海　南	1127721	606865	520857
重　庆	24842801	15235861	9606941
四　川	91056849	48364655	42692194
贵　州	24533815	13648811	10885004
云　南	16849713	5995964	10853749
西　藏	1668785	1036684	632101
陕　西	39807939	19385728	20422211
甘　肃	17419453	6561411	10858042
青　海	8518586	4449726	4068861
宁　夏	3498682	1105096	2393586
新　疆	9191243	3659398	5531845

2–2 各地区国有建筑业企业承包工程完成情况

单位：万元

地区	直接从建设单位承揽工程完成的产值	自行完成施工产值	分包出去工程的产值	从建设单位以外承揽工程完成的产值
全国总计	**342296898**	**326543744**	**15753154**	**22277931**
北　京	25762399	23399362	2363037	5162408
天　津	8879152	8181268	697883	726618
河　北	8976116	8795017	181099	168926
山　西	5842881	5842881		205966
内蒙古	2510685	2509859	825	10433
辽　宁	4566057	3960358	605699	77792
吉　林	752350	752341	9	72271
黑龙江	2940417	2774109	166308	46198
上　海	26645812	24264281	2381531	2139202
江　苏	16731026	16387451	343576	904005
浙　江	2735408	2602384	133025	177886
安　徽	12405990	12002559	403430	717266
福　建	8248058	8231100	16958	384942
江　西	5224395	5093498	130897	147472
山　东	20208558	20074734	133824	1716349
河　南	8293753	8290254	3499	400107
湖　北	39965515	39825132	140384	350039
湖　南	18589254	18505775	83479	708421
广　东	36607248	32424080	4183168	3097909
广　西	8729637	8712110	17527	351576
海　南	590274	590274		
重　庆	6999836	6333232	666604	334782
四　川	26784445	24209455	2574990	774484
贵　州	9145080	9132477	12603	13248
云　南	6260815	6260007	808	1100346
西　藏	689407	672946	16460	19421
陕　西	12907549	12641500	266049	1812553
甘　肃	6302783	6162065	140718	38590
青　海	1826772	1762054	64718	614401
宁　夏	1963126	1960326	2800	416
新　疆	4212101	4190854	21247	3905

2–3 各地区国有企业建筑业总产值和竣工产值

单位：万元

地区	建筑业总产值	#装饰装修产值	#在外省完成的产值	按构成分组 建筑工程产值	安装工程产值	其他产值	竣工产值
全国总计	**348821675**	**7127894**	**162351792**	**311226897**	**29105553**	**8489226**	**120988995**
北　京	28561770	1542902	20407294	27744791	753247	63732	12619159
天　津	8907887	23023	7222318	8032165	814040	61682	1661834
河　北	8963943	137756	4787419	8098670	697364	167909	1916916
山　西	6048847	89155	1425365	5551707	301949	195191	2062588
内蒙古	2520292	63734	1625601	1993658	130962	395673	301584
辽　宁	4038150	37266	1624813	3321303	567620	149227	1288895
吉　林	824612	1010	204057	599640	183480	41492	287104
黑龙江	2820307	9352	840522	1651904	965683	202719	1104643
上　海	26403483	1048342	20794722	23146460	3100016	157007	7709088
江　苏	17291456	71073	8721094	16246432	969909	75115	8558392
浙　江	2780270	577	582698	2599089	170924	10257	1838820
安　徽	12719826	117271	6545354	11851435	695254	173137	2981345
福　建	8616042	176259	2159877	7771389	830395	14259	2737679
江　西	5240970	81428	1999841	4328430	476844	435697	2435990
山　东	21791083	333190	6844254	18922881	2509677	358525	7254379
河　南	8690361	504455	3147861	6735798	1826319	128245	3373033
湖　北	40175170	81206	25615651	35930429	2677264	1567478	18721967
湖　南	19214196	830472	8799851	15575077	2217351	1421768	6211706
广　东	35521989	898189	12347795	33111396	1702388	708205	11571140
广　西	9063686	47624	2889449	8120956	828541	114189	2824200
海　南	590274	25253	85605	539601	48961	1712	325584
重　庆	6668014	88646	3074943	6102305	428018	137690	1467161
四　川	24983939	329560	6490190	22275794	1999436	708710	8316945
贵　州	9145724	15725	1952283	7867590	942148	335986	1044980
云　南	7360353	10974	952787	6859312	442470	58570	799795
西　藏	692368	85125	7503	622494	17566	52308	193618
陕　西	14454053	430705	6680817	12987535	922660	543857	6840154
甘　肃	6200656	42942	1561268	5200582	921218	78855	1362799
青　海	2376455	1710	2003206	2300191	69526	6738	815952
宁　夏	1960742		658834	1493644	437991	29107	892985
新　疆	4194759	2969	298524	3644242	456332	94185	1468563

2–4 各地区国有建筑业企业房屋建筑面积

单位：万平方米、%

地区	房屋施工面积	#本年新开工	房屋竣工面积	房屋竣工率
全国总计	**173140**	**49511**	**24142**	**13.9**
北京	23426	7030	2906	12.4
天津	2711	821	110	4.0
河北	3887	1339	375	9.6
山西	2130	755	482	22.6
内蒙古	2842	1316	56	2.0
辽宁	1590	589	144	9.1
吉林	61	20	7	11.5
黑龙江	905	427	204	22.5
上海	17638	3944	1623	9.2
江苏	9898	2868	1861	18.8
浙江	177	70	31	17.7
安徽	7242	1898	710	9.8
福建	3109	812	579	18.6
江西	1333	495	417	31.3
山东	7990	2259	1080	13.5
河南	2476	573	438	17.7
湖北	18687	4538	3288	17.6
湖南	10049	2992	1762	17.5
广东	28362	8183	3038	10.7
广西	2336	557	437	18.7
海南	106	22	63	59.7
重庆	1220	379	275	22.6
四川	11268	3653	2090	18.6
贵州	2195	309	216	9.8
云南	947	240	116	12.3
西藏	45	9	28	61.1
陕西	4582	1135	891	19.4
甘肃	3726	1153	352	9.4
青海	205	90	48	23.3
宁夏	706	302	239	33.9
新疆	1290	731	277	21.5

2–5 各地区按主要用途分的国有建筑业企业房屋竣工面积

单位：万平方米

地　区	总计	住宅房屋	商业及服务用房屋	办公用房　屋	科研、教育和医疗用房屋
全国总计	**24142**	**15019**	**2398**	**1165**	**1594**
北　京	2906	1836	433	167	174
天　津	110	50	2	18	5
河　北	375	263	4	11	21
山　西	482	338	12	14	42
内蒙古	56	38		3	3
辽　宁	144	106	2	20	4
吉　林	7	5			
黑龙江	204	150	7	2	12
上　海	1623	644	585	162	53
江　苏	1861	1521	76	103	39
浙　江	31				1
安　徽	710	527	42	10	17
福　建	579	392	40	8	78
江　西	417	260	24	12	6
山　东	1080	598	45	268	40
河　南	438	217	42	1	47
湖　北	3288	1496	532	94	260
湖　南	1762	1118	94	64	174
广　东	3038	2110	237	52	172
广　西	437	315	6	23	40
海　南	63	12	33	4	6
重　庆	275	175	10	1	20
四　川	2090	1503	92	57	137
贵　州	216	149	16	6	16
云　南	116	58	9	4	26
西　藏	28	28			
陕　西	891	587	6	41	98
甘　肃	352	238	24	6	55
青　海	48	46		1	
宁　夏	239	78	13	6	33
新　疆	277	164	10	9	16

2-5 续表1

单位：万平方米

地　区	文化、体育和娱乐用房屋	厂房及建筑物	仓　库	其他未列明的房屋建筑物
全国总计	**326**	**2463**	**88**	**1088**
北　京	49	96		151
天　津	1	11	12	12
河　北	14	59	1	3
山　西	9	42	1	25
内蒙古		2		10
辽　宁	3	9		
吉　林				1
黑龙江	1	19	1	13
上　海	41	61	16	61
江　苏	2	103	8	9
浙　江		1		29
安　徽	15	86	1	11
福　建		56		6
江　西		109	1	7
山　东		80		49
河　南	2	124		3
湖　北	84	428	14	382
湖　南	16	274	5	18
广　东	7	347	8	104
广　西	11	21	4	15
海　南	1	8		
重　庆	1	49		20
四　川	31	210	2	56
贵　州	3	18	1	7
云　南		18		1
西　藏				
陕　西	26	111		22
甘　肃	1	19	8	1
青　海				
宁　夏	1	58	1	50
新　疆	7	46	2	24

2–6 各地区按主要用途分的国有建筑业企业房屋竣工价值

单位：万元

地 区	总计	住宅房屋	商业及服务用房屋	办公用房 屋	科研、教育和医疗用房屋
全国总计	**56696084**	**30713495**	**7392116**	**3235110**	**5184047**
北 京	8542756	4203766	1608496	688406	783759
天 津	328085	127272	9994	75720	18640
河 北	473253	248839	2547	3688	79079
山 西	948890	587615	42538	28618	120852
内 蒙 古	90795	59909	905	3603	10196
辽 宁	295139	199406	8979	55934	3277
吉 林	15010	8439			54
黑 龙 江	399341	287342	32326	6969	33811
上 海	4637448	1514064	2102556	331463	208610
江 苏	3781204	3202161	133355	129658	84495
浙 江	32408				403
安 徽	1454328	933062	137444	19508	47590
福 建	1416103	856014	110895	13289	270107
江 西	779208	473021	49363	19573	8899
山 东	3145306	1504209	114789	916824	111304
河 南	739003	403078	50918	1646	102168
湖 北	7995070	2774976	1625108	239349	902233
湖 南	3184220	1844584	222901	131197	435347
广 东	7136063	4806483	616136	110497	505293
广 西	1145453	665506	24946	64000	102934
海 南	160186	30608	90754	6721	15428
重 庆	518991	292881	5023	5200	64536
四 川	4415129	3099339	201373	137489	409417
贵 州	434067	263813	43976	14454	38114
云 南	285782	118822	22750	20678	73479
西 藏	86919	86919			
陕 西	2362489	1221549	22048	115821	391061
甘 肃	731756	431225	51529	16052	154769
青 海	116406	108659	1710	4487	841
宁 夏	525774	108179	33341	22403	147495
新 疆	519504	251760	25417	51865	59855

2-6 续表1

单位：万元

地　区	文化、体育和娱乐用房屋	厂房及建筑物	仓　库	其他未列明的房屋建筑物
全国总计	**1164600**	**4997669**	**231287**	**3777760**
北　京	255225	334798		668306
天　津	1244	50812	23081	21323
河　北	9151	107545	1804	20600
山　西	42841	74488	2191	49747
内蒙古		1327		14856
辽　宁	9937	17381		225
吉　林	796	480	476	4765
黑龙江	3481	18985	843	15585
上　海	157847	171257	42367	109285
江　苏	2844	184868	16038	27786
浙　江	377	3151		28477
安　徽	93410	177586	3916	41813
福　建		141627		24170
江　西	86	219323	979	7964
山　东	159	169991	1918	326112
河　南	4232	171363	590	5007
湖　北	268901	801631	56177	1326694
湖　南	65669	415943	19643	48936
广　东	39476	722808	20477	314894
广　西	20157	62785	12706	192420
海　南	2220	14456		
重　庆	3940	104751		42660
四　川	9333	349000	3480	205700
贵　州	4844	41522	1899	25445
云　南	436	47862		1754
西　藏				
陕　西	154702	341710	988	114610
甘　肃	7521	49052	16934	4674
青　海		352		357
宁　夏	2297	94118	1642	116298
新　疆	3472	106699	3139	17297

2-7 各地区国有建筑业企业主要生产效益指标

地区	建筑业企业个数(个)	从事建筑业活动的平均人数(人)	按总产值计算的劳动生产率(元/人)	人均竣工产值(元/人)	人均施工面积(平方米/人)	人均竣工面积(平方米/人)
全国总计	**3746**	**5487519**	**635664**	**220480**	**315.5**	**44.0**
北京	87	437326	653100	288553	535.7	66.4
天津	69	96626	921893	171986	280.6	11.4
河北	112	67385	1330258	284472	576.9	55.6
山西	125	98449	614414	209508	216.4	49.0
内蒙古	30	25090	1004501	120201	1132.7	22.3
辽宁	185	81093	497965	158940	196.0	17.7
吉林	66	11198	736392	256388	54.8	6.3
黑龙江	104	80914	348556	136521	111.9	25.2
上海	72	305882	863192	252028	576.6	53.1
江苏	200	364845	473940	234576	271.3	51.0
浙江	88	49483	561864	371606	35.8	6.3
安徽	117	155001	820629	192344	467.2	45.8
福建	84	262395	328362	104334	118.5	22.1
江西	109	68833	761404	353899	193.6	60.6
山东	374	255019	854489	284464	313.3	42.3
河南	136	157462	551902	214212	157.2	27.8
湖北	212	204841	1961286	913976	912.3	160.5
湖南	179	371531	517163	167192	270.5	47.4
广东	256	734834	483402	157466	386.0	41.3
广西	91	128697	704266	219446	181.5	33.9
海南	14	10917	540693	298236	97.0	57.9
重庆	96	101529	656759	144507	120.1	27.1
四川	304	612603	407832	135764	183.9	34.1
贵州	138	173397	527444	60265	126.6	12.5
云南	95	98368	748247	81306	96.2	11.8
西藏	28	9160	755860	211373	49.3	30.1
陕西	148	254189	568634	269097	180.3	35.0
甘肃	90	125650	493486	108460	296.5	28.0
青海	23	26180	907737	311670	78.3	18.2
宁夏	44	46722	419661	191127	151.0	51.2
新疆	70	71900	583416	204251	179.4	38.6

2−8 各地区国有建筑业企业资产构成

单位：万元

地　　区	资产总计	#流动资产合计	#存货
全国总计	**524779142**	**389564524**	**53853384**
北　京	55535085	39920526	3470001
天　津	16520633	11512230	962736
河　北	9716904	7791118	1005147
山　西	14611879	9173405	1273706
内蒙古	4200995	3432379	699428
辽　宁	8470505	6655794	1115518
吉　林	2390822	1089413	145550
黑龙江	6081926	5517418	696823
上　海	32730730	25318898	1559280
江　苏	21452669	17912306	2611533
浙　江	4410306	3537235	786434
安　徽	12857558	10680926	1202654
福　建	9626293	6684427	1297758
江　西	5487635	4542840	988076
山　东	30965887	25086624	3360794
河　南	11916845	8789747	1094916
湖　北	68901466	45969459	10586490
湖　南	15366770	11145615	1470474
广　东	40454867	31760239	2516626
广　西	7693622	5771164	680054
海　南	600553	505913	36625
重　庆	10323910	7483643	786899
四　川	44098732	30983713	7154833
贵　州	30048053	22219724	1946874
云　南	9158206	6634927	843688
西　藏	1996518	1764856	252018
陕　西	20578291	16547903	2187854
甘　肃	17112577	12157795	1768231
青　海	3650041	2433524	259554
宁　夏	1810174	1662277	162027
新　疆	6008691	4878489	930784

2–9 各地区国有建筑业企业固定资产情况

单位：万元

地区	固定资产原价	累计折旧	#本年折旧	在建工程
全国总计	**35669767**	**16388874**	**1987801**	**7263278**
北京	1922574	1014291	139311	29904
天津	1540698	903350	96906	17465
河北	1032502	606910	69754	123544
山西	581196	236284	24169	40366
内蒙古	498535	252287	17468	69681
辽宁	1145563	530962	61874	168969
吉林	1110572	86617	9084	146347
黑龙江	684351	426142	26431	42002
上海	2199521	1189038	113895	89997
江苏	1843746	931667	113868	196937
浙江	245518	107991	19766	125155
安徽	1105025	553069	72796	66912
福建	664729	243571	34502	94298
江西	677339	385588	39678	167587
山东	2406984	1134010	145785	338592
河南	1510427	472189	86103	148036
湖北	4988451	2213096	298521	1328091
湖南	1166908	451815	72410	326622
广东	2165585	1011001	103583	114387
广西	703624	413588	18075	71032
海南	21431	14469	1426	16270
重庆	588645	309359	56320	302093
四川	1729126	646008	80539	1833692
贵州	895523	348652	39136	998853
云南	561142	167452	23659	74138
西藏	45177	19964	3970	85
陕西	1753924	1062991	156078	48794
甘肃	856285	193871	25481	92536
青海	399521	195677	9785	21403
宁夏	170713	83124	8239	7536
新疆	454433	183843	19188	161957

2-10 各地区国有建筑业企业负债及所有者权益

单位：万元

地区	负债合计	#流动负债	#应付账款	所有者权益	#实收资本
全国总计	**405545057**	**353347887**	**140869499**	**119234085**	**53839054**
北京	42652388	36576581	14691961	12882697	6107443
天津	13044130	12324876	4980759	3476503	1886168
河北	8077165	7363684	3224818	1639739	1376069
山西	11618876	9585784	3249928	2993003	1473439
内蒙古	3154615	2992243	1067156	1046380	935049
辽宁	6368790	5542803	1833967	2101715	1136158
吉林	1130683	924420	355982	1260139	200529
黑龙江	5224226	5061473	1753731	857701	1049682
上海	25880128	25428144	11621691	6850603	2866913
江苏	16642100	15176271	4644671	4810569	1929208
浙江	3479936	3138082	1021369	930370	457266
安徽	10775445	9892080	4537156	2082112	1214046
福建	7514640	6229249	2072777	2111654	881460
江西	4433690	3687888	1162589	1053945	639038
山东	25453635	23392270	9561775	5512253	3224581
河南	9161432	7980002	2469154	2755413	1643088
湖北	50957492	41121324	17858219	17943974	4296989
湖南	11303256	9299605	3661116	4063514	2411401
广东	31946926	30075946	12462109	8507941	4983822
广西	5955920	5154218	1931560	1737702	792687
海南	457691	435823	205660	142862	99852
重庆	8065045	6779664	1869856	2258865	1322317
四川	33894070	26913849	11750042	10204662	4648483
贵州	22471379	16781374	3988723	7576674	2224273
云南	6316520	5893341	2889976	2841686	993676
西藏	1468689	1084829	376917	527829	220688
陕西	16509313	15506886	7686170	4068978	2047851
甘肃	12705925	10947537	4501509	4406652	1670375
青海	2706866	2394655	1063855	943175	350083
宁夏	1484428	1453426	741366	325746	209214
新疆	4689661	4209561	1632936	1319030	547209

2-11 各地区国有建筑业企业收入情况

单位：万元

地区	主营业务收入	主营业务成本	主营业务税金及附加	其他业务收入	其他业务利润
全国总计	**347493108**	**321147095**	**1353229**	**4935028**	**425389**
北京	32215790	29836994	80800	137767	23805
天津	10767756	9894289	21254	57163	8357
河北	7852009	7440981	55553	723633	5153
山西	6100486	5563897	24228	147665	21431
内蒙古	2652242	2470229	17593	9301	3583
辽宁	4537075	4132212	20844	180395	13255
吉林	876750	808901	4311	28369	3314
黑龙江	3191340	3040629	11135	15849	1059
上海	33908894	32279365	71520	109332	69034
江苏	16028608	14631420	107206	168874	10458
浙江	2605686	2400196	7225	21786	3307
安徽	10906994	10145816	36128	115397	3650
福建	6263917	5885975	21505	106985	4752
江西	3927005	3654863	25261	269718	3975
山东	21633721	20140911	70441	167078	31517
河南	7565696	6856694	58523	135718	23300
湖北	43699181	39075242	197686	408820	43952
湖南	15637437	14325028	113960	29150	4138
广东	33760428	31779478	110871	343091	76308
广西	5985531	5549074	21004	501693	1039
海南	514347	483165	3004	2263	3
重庆	6095579	5636968	33173	41925	2490
四川	24126290	21946408	79268	708289	18453
贵州	8252123	7471047	34117	165790	13511
云南	6147679	5570021	20041	68067	12426
西藏	823776	730238	3157	1165	
陕西	14963240	13899061	53626	150494	5657
甘肃	7431754	7139143	17738	52273	9404
青海	3051957	2790257	5849	35293	-3099
宁夏	1963619	1855276	7878	7347	1393
新疆	4006200	3713318	18331	24341	9764

2-12 各地区国有建筑业企业费用情况

单位：万元

地区	管理费用	销售费用	研发费用	财务费用	#利息收入	#利息支出
全国总计	**8889279**	**431133**	**6087978**	**2548155**	**1742693**	**2952967**
北京	599649	23554	850975	-93563	329937	353462
天津	319118	9009	301782	185549	58134	83923
河北	274098	860	137813	77317	4445	28230
山西	229774	3614	156137	183096	293514	164051
内蒙古	122010	3269	14883	29733	5945	27260
辽宁	238712	4018	79759	58210	7711	42341
吉林	39656	374	5496	5360	125	3266
黑龙江	106107	3283	22715	20407	2036	18592
上海	533219	23306	752479	122593	145326	139689
江苏	431132	39449	137998	143607	19293	117372
浙江	125377	1681	20727	13036	10690	13927
安徽	228362	14644	206688	76009	13632	71793
福建	134335	5754	57372	51603	10350	59495
江西	188440	3094	31392	41589	9063	38815
山东	546647	22052	329526	168965	58417	174975
河南	295740	16320	103205	110155	12787	60683
湖北	1118436	124894	908481	306677	160727	338285
湖南	445063	11922	360461	110773	84274	166305
广东	620588	24080	708557	159986	95418	181547
广西	205871	1220	129561	43616	21068	33052
海南	11059	465	2472	819	312	1496
重庆	162767	9938	81250	106777	19263	71967
四川	739722	53243	212153	191201	80062	216662
贵州	236042	5459	76535	263017	20987	184485
云南	190124	4875	49926	57562	14418	58824
西藏	17619	53	555	1795	7189	6944
陕西	357644	8649	200518	30897	115058	108544
甘肃	152574	7780	26109	26369	126819	117160
青海	81630	338	80036	23036	3289	33446
宁夏	49106	1544	21636	5477	745	5105
新疆	88661	2391	20782	26489	11661	31272

2-13 各地区国有建筑业企业利润及税金情况

单位：万元

地区	利润总额	#所得税费用	税金总额	主营业务税金及附加	应交增值税
全国总计	**10894757**	**1989699**	**6935780**	**1353229**	**5582551**
北京	1332717	176730	440934	80800	360134
天津	188929	66923	153610	21254	132357
河北	46592	21818	185934	55553	130381
山西	102672	15771	209923	24228	185695
内蒙古	-6785	6922	41161	17593	23568
辽宁	98671	23014	118340	20844	97496
吉林	23833	3293	16269	4311	11959
黑龙江	-906	10994	91376	11135	80241
上海	823888	138029	292817	71520	221297
江苏	627521	118079	393215	107206	286009
浙江	89631	21206	55738	7225	48513
安徽	266999	45158	232216	36128	196088
福建	187242	36165	118986	21505	97481
江西	85901	21155	123452	25261	98191
山东	554306	75409	387044	70441	316603
河南	214774	40506	213459	58523	154936
湖北	1725349	388844	982852	197686	785167
湖南	457423	59229	459584	113960	345624
广东	775319	143280	635127	110871	524256
广西	182858	29044	162791	21004	141786
海南	4302	8434	17091	3004	14087
重庆	171796	24728	121613	33173	88439
四川	1300454	202450	501035	79268	421768
贵州	375951	100370	196416	34117	162299
云南	281835	57516	148307	20041	128266
西藏	44432	7640	19774	3157	16617
陕西	550257	79501	286960	53626	233333
甘肃	127983	20530	141340	17738	123601
青海	69786	7306	20095	5849	14245
宁夏	26015	7987	55523	7878	47645
新疆	165013	31670	112801	18331	94470

2–14 各地区国有建筑业企业应收工程款及企业亏损情况

地　　区	应收工程款（万元）	企业个数（个）	#亏损企业个数	亏损企业的比重（%）
全国总计	**92737172**	**3746**	**653**	**17.4**
北　　京	7765101	87	11	12.6
天　　津	2345428	69	12	17.4
河　　北	2380826	112	32	28.6
山　　西	3155467	125	27	21.6
内 蒙 古	997066	30	7	23.3
辽　　宁	2000023	185	43	23.2
吉　　林	377293	66	11	16.7
黑 龙 江	1559648	104	29	27.9
上　　海	4692337	72	7	9.7
江　　苏	4535573	200	15	7.5
浙　　江	822450	88	14	15.9
安　　徽	3628091	117	29	24.8
福　　建	1624105	84	7	8.3
江　　西	1027322	109	20	18.4
山　　东	6684794	374	101	27.0
河　　南	2234418	136	12	8.8
湖　　北	6751320	212	22	10.4
湖　　南	3343349	179	18	10.1
广　　东	8521764	256	33	12.9
广　　西	1208420	91	23	25.3
海　　南	152340	14	3	21.4
重　　庆	1625990	96	14	14.6
四　　川	6472739	304	30	9.9
贵　　州	4632461	138	39	28.3
云　　南	2410926	95	23	24.2
西　　藏	393482	28	6	21.4
陕　　西	5688214	148	26	17.6
甘　　肃	2967329	90	17	18.9
青　　海	545467	23	2	8.7
宁　　夏	670580	44	9	20.5
新　　疆	1522849	70	11	15.7

2-15 各地区国有建筑业企业主要经济效益指标

地区	产值利润率(%)	产值利税率(%)	资本利润率(%)	资本利税率(%)	人均利润(元/人)	人均利税(元/人)	资产负债率(%)
全国总计	**3.1**	**5.1**	**20.2**	**33.1**	**19854**	**32493**	**77.3**
北京	4.7	6.2	21.8	29.0	30474	40557	76.8
天津	2.1	3.8	10.0	18.2	19553	35450	79.0
河北	0.5	2.6	3.4	16.9	6914	34507	83.1
山西	1.7	5.2	7.0	21.2	10429	31752	79.5
内蒙古	-0.3	1.4	-0.7	3.7	-2704	13701	75.1
辽宁	2.4	5.4	8.7	19.1	12168	26761	75.2
吉林	2.9	4.9	11.9	20.0	21283	35812	47.3
黑龙江		3.2	-0.1	8.6	-112	11181	85.9
上海	3.1	4.2	28.7	39.0	26935	36508	79.1
江苏	3.6	5.9	32.5	52.9	17200	27977	77.6
浙江	3.2	5.2	19.6	31.8	18114	29378	78.9
安徽	2.1	3.9	22.0	41.1	17226	32207	83.8
福建	2.2	3.6	21.2	34.7	7136	11670	78.1
江西	1.6	4.0	13.4	32.8	12480	30415	80.8
山东	2.5	4.3	17.2	29.2	21736	36913	82.2
河南	2.5	4.9	13.1	26.1	13640	27196	76.9
湖北	4.3	6.7	40.2	63.0	84229	132210	74.0
湖南	2.4	4.8	19.0	38.0	12312	24682	73.6
广东	2.2	4.0	15.6	28.3	10551	19194	79.0
广西	2.0	3.8	23.1	43.6	14208	26858	77.4
海南	0.7	3.6	4.3	21.4	3941	19596	76.2
重庆	2.6	4.4	13.0	22.2	16921	28899	78.1
四川	5.2	7.2	28.0	38.8	21228	29407	76.9
贵州	4.1	6.3	16.9	25.7	21682	33009	74.8
云南	3.8	5.8	28.4	43.3	28651	43728	69.0
西藏	6.4	9.3	20.1	29.1	48507	70094	73.6
陕西	3.8	5.8	26.9	40.9	21648	32937	80.2
甘肃	2.1	4.3	7.7	16.1	10186	21434	74.2
青海	2.9	3.8	19.9	25.7	26656	34332	74.2
宁夏	1.3	4.2	12.4	39.0	5568	17452	82.0
新疆	3.9	6.6	30.2	50.8	22950	38639	78.0

2−16 各地区集体建筑业企业签订合同情况

单位：万元

地　区	签订合同额	上年结转合同额	本年新签合同额
全国总计	**54133835**	**20337961**	**33795874**
北　京	1758808	1214010	544798
天　津	653908	353029	300880
河　北	1186290	584921	601369
山　西	479829	166858	312971
内蒙古	57999	14105	43894
辽　宁	871532	225609	645923
吉　林	208551	56814	151737
黑龙江	261644	75276	186368
上　海	417060	185217	231843
江　苏	1391440	355445	1035995
浙　江	2411497	1310513	1100984
安　徽	1274104	108894	1165210
福　建	2315226	832231	1482994
江　西	4233962	1268972	2964990
山　东	4538929	1852721	2686207
河　南	2784292	725545	2058748
湖　北	648842	158566	490276
湖　南	3285885	865652	2420234
广　东	10893325	5322632	5570693
广　西	2895885	1062181	1833704
海　南	254172	142675	111497
重　庆	1216702	191234	1025468
四　川	4171244	1513423	2657821
贵　州	1080800	563523	517276
云　南	1529855	349004	1180851
西　藏	25785	3145	22639
陕　西	2004415	434243	1570172
甘　肃	955927	338494	617433
青　海	169104	28367	140737
宁　夏	29036	6012	23024
新　疆	127788	28651	99137

2-17 各地区集体建筑业企业承包工程完成情况

单位：万元

地区	直接从建设单位承揽工程完成的产值	自行完成施工产值	分包出去工程的产值	从建设单位以外承揽工程完成的产值
全国总计	**34422126**	**34082862**	**339264**	**489692**
北京	622469	583360	39108	14015
天津	283599	241024	42576	1804
河北	788062	785379	2683	6572
山西	266520	266498	22	1750
内蒙古	41897	41897		
辽宁	679901	679405	495	16226
吉林	164589	160010	4579	3688
黑龙江	146413	137477	8936	187
上海	230643	217688	12955	4928
江苏	1215756	1189800	25956	47990
浙江	971324	970904	420	23113
安徽	903040	903040		2109
福建	1770732	1770732		2650
江西	3252797	3227394	25403	35242
山东	2403732	2386596	17136	71013
河南	2897594	2890079	7516	46723
湖北	565812	565277	535	8107
湖南	2566255	2565364	890	892
广东	4597918	4479764	118154	52953
广西	1979228	1975413	3815	3679
海南	181833	181833		20
重庆	1087436	1087436		14771
四川	2853669	2848914	4755	35163
贵州	589513	579972	9540	21041
云南	1071204	1065360	5845	39050
西藏	15023	15023		
陕西	1472937	1469901	3036	24600
甘肃	544623	539714	4909	7360
青海	149155	149155		7
宁夏	20936	20936		
新疆	87517	87517		4041

2-18 各地区集体企业建筑业总产值和竣工产值

单位：万元

地区	建筑业总产值	#装饰装修产值	#在外省完成的产值	按构成分组			竣工产值
				建筑工程产值	安装工程产值	其他产值	
全国总计	**34572554**	**832767**	**3981099**	**30470049**	**2351656**	**1750849**	**20981312**
北京	597376	85201	125593	577969	8251	11155	180394
天津	242827	3119	11922	104655	126702	11470	137549
河北	791951	61706	185251	675763	76173	40015	344118
山西	268248	4270	678	223193	39831	5224	125531
内蒙古	41897	370		41781	117		51973
辽宁	695631	12341	43302	529894	93132	72606	425210
吉林	163698	2897	130	74604	83798	5296	125200
黑龙江	137664	2504	140	84635	38863	14167	93067
上海	222616	63812	15225	187006	35531	79	169195
江苏	1237790	5588	503220	1167669	69696	425	864523
浙江	994018	9791	171840	956926	29317	7775	603091
安徽	905149	11193	548365	549242	56249	299658	492326
福建	1773382	9573	1188030	1767917	5465		2118958
江西	3262636	58972	238833	3009938	164317	88381	1968115
山东	2457609	26791	27445	2269882	164245	23482	1364784
河南	2936801	36274	31033	2373749	141776	421277	1419347
湖北	573384	1602	4111	508459	50976	13948	386871
湖南	2566256	119949	223598	2263542	177779	124936	1795248
广东	4532717	190007	113168	4119674	286415	126628	2973328
广西	1979092	26532	6803	1827583	46617	104892	1263386
海南	181853			172115	2093	7646	161832
重庆	1102207	13452	5324	1003264	78601	20342	618092
四川	2884077	9191	530693	2414463	297274	172340	1298885
贵州	601013	3583		509147	36047	55819	304282
云南	1104410	17288	203	986838	80380	37192	566574
西藏	15023			13723		1300	3561
陕西	1494501	41802	2339	1368894	84299	41308	681970
甘肃	547074	14707	3837	465787	54509	26778	278780
青海	149161	250		141656	7474	32	91343
宁夏	20936			20936			15863
新疆	91558		16	59147	15730	16681	57918

2-19 各地区集体建筑业企业房屋建筑面积

单位：万平方米、%

地区	房屋施工面积	#本年新开工	房屋竣工面积	房屋竣工率
全国总计	**22993**	**10382**	**9836**	**42.8**
北京	633	92	87	13.7
天津	85	15	15	17.6
河北	702	230	179	25.5
山西	178	64	42	23.4
内蒙古	36	17	29	79.9
辽宁	295	197	117	39.7
吉林	6	6	26	450.5
黑龙江	27	20	8	30.3
上海	84	52	39	46.7
江苏	716	268	232	32.4
浙江	1237	220	260	21.0
安徽	389	304	262	67.3
福建	2387	707	795	33.3
江西	2042	1224	1102	54.0
山东	2177	968	841	38.6
河南	1416	899	781	55.2
湖北	408	207	261	64.0
湖南	2204	1446	1227	55.7
广东	3443	1129	1274	37.0
广西	1252	569	590	47.1
海南	88	46	59	66.6
重庆	313	186	232	74.1
四川	782	483	575	73.6
贵州	491	168	121	24.6
云南	406	214	195	48.0
西藏	4	3		8.7
陕西	791	484	348	44.0
甘肃	361	146	110	30.4
青海	19	8	15	81.5
宁夏	10	7	6	61.6
新疆	9	4	7	77.9

2-20 各地区按主要用途分的集体建筑业企业房屋竣工面积

单位：万平方米

地区	总计	住宅房屋	商业及服务用房屋	办公用房屋	科研、教育和医疗用房屋
全国总计	**9836**	**6756**	**572**	**438**	**562**
北京	87	44	2		4
天津	15				
河北	179	150	3	1	3
山西	42	35		1	1
内蒙古	29	20	5	1	
辽宁	117	59	5	2	5
吉林	26	26			
黑龙江	8	5	1	1	
上海	39	21	9	9	
江苏	232	156	2	9	
浙江	260	143	7	3	8
安徽	262	164	1	28	32
福建	795	761		5	2
江西	1102	770	74	56	23
山东	841	662	14	19	59
河南	781	529	77	24	37
湖北	261	199	27	6	9
湖南	1227	752	60	134	121
广东	1274	819	55	53	61
广西	590	306	85	34	92
海南	59	43	1	3	8
重庆	232	164	18		3
四川	575	442	36	12	17
贵州	121	77	29	2	10
云南	195	86	19	11	27
西藏					
陕西	348	250	32	17	24
甘肃	110	67	3	5	13
青海	15	3	7		2
宁夏	6	2	1		1
新疆	7	4		2	

2–20 续表1

单位：万平方米

地　区	文化、体育和娱乐用房屋	厂房及建筑物	仓　库	其他未列明的房屋建筑物
全国总计	**70**	**1079**	**44**	**315**
北　京		36		1
天　津		13		1
河　北		4	6	13
山　西		5		
内蒙古		3		1
辽　宁		45		2
吉　林				
黑龙江				
上　海				
江　苏		64		1
浙　江	2	92		7
安　徽	1	32		4
福　建		25		3
江　西	18	145	6	10
山　东	1	80	1	6
河　南	2	83	6	24
湖　北		21		
湖　南	7	87	13	54
广　东	24	211	6	44
广　西	7	27	2	37
海　南		1		3
重　庆		5		41
四　川	1	54	1	14
贵　州				3
云　南	3	24	1	24
西　藏				
陕　西		14	1	9
甘　肃	3	5		14
青　海	1	2		1
宁　夏		2		
新　疆				1

2-21 各地区按主要用途分的集体建筑业企业房屋竣工价值

单位：万元

地　区	总计	住宅房屋	商业及服务用房屋	办公用房　屋	科研、教育和医疗用房屋
全国总计	**14936642**	**10396621**	**935033**	**602506**	**875107**
北　京	94581	37889	2566	701	14952
天　津	13733		529	185	390
河　北	234124	194287	5797	1123	10352
山　西	63321	49755		3966	1247
内蒙古	48620	32142	8373	1085	
辽　宁	148687	91283	7978	2837	4490
吉　林	40843	38744			
黑龙江	14685	9285	1449	1492	839
上　海	53636	34400	10259	8978	
江　苏	473686	342377	2751	19640	145
浙　江	461026	300366	9634	7974	26307
安　徽	293189	193095	854	30011	30214
福　建	1795911	1733944		18556	2874
江　西	1408777	998404	98317	67343	28288
山　东	1048361	826689	29029	24390	77443
河　南	949562	627526	100950	26980	33308
湖　北	329544	249625	34118	6164	9617
湖　南	1543943	902388	101164	153806	168266
广　东	2060925	1325141	92557	87132	84255
广　西	967316	505052	152770	50023	159040
海　南	152412	95652	2238	11729	28472
重　庆	438844	271193	30413	401	5320
四　川	909244	700750	65725	20614	34069
贵　州	206238	117701	52895	2979	28077
云　南	339299	159374	46755	16084	44613
西　藏	1120	1120			
陕　西	560600	404350	51715	22824	49827
甘　肃	216024	129727	3876	9951	27263
青　海	35765	6348	17736	90	4319
宁　夏	12493	4744	4201	663	1120
新　疆	20131	13271	385	4788	

2-21 续表1

单位：万元

地　区	文化、体育和娱乐用房屋	厂房及建筑物	仓　库	其他未列明的房屋建筑物
全国总计	**118076**	**1431590**	**76860**	**500850**
北　京		37117		1356
天　津		12152		478
河　北	257	5575	11351	5384
山　西		6883		1470
内蒙古		5800		1220
辽　宁		37474		4626
吉　林		2100		
黑龙江	1166	297		156
上　海				
江　苏	100	107635	100	939
浙　江	4252	105768		6725
安　徽	1527	32782	535	4170
福　建		38822		1715
江　西	8456	191490	7733	8746
山　东	1530	79022	992	9267
河　南	1537	127598	6845	24818
湖　北		28970		1050
湖　南	12721	109402	22906	73290
广　东	64147	317395	21712	68586
广　西	11718	36221	2281	50210
海　南	639	1631		12052
重　庆		17259		114258
四　川	798	59524	941	26825
贵　州	136	112		4339
云　南	2593	35724	1158	32999
西　藏				
陕　西		19375	302	12208
甘　肃	5389	9418	5	30394
青　海	1110	4280		1882
宁　夏		1765		
新　疆				1687

2-22 各地区集体建筑业企业主要生产效益指标

地区	建筑业企业个数（个）	从事建筑业活动的平均人数（人）	按总产值计算的劳动生产率（元/人）	人均竣工产值（元/人）	人均施工面积（平方米/人）	人均竣工面积（平方米/人）
全国总计	**2180**	**1084169**	**318885**	**193524**	**212.1**	**90.7**
北京	57	10035	595292	179765	631.0	86.6
天津	26	5357	453290	256764	158.7	27.9
河北	61	23905	331291	143952	293.5	75.0
山西	46	10598	253112	118448	168.3	39.4
内蒙古	5	1529	274016	339914	238.2	190.4
辽宁	149	31029	224188	137036	95.0	37.7
吉林	24	4204	389386	297812	13.8	62.0
黑龙江	45	5037	273305	184767	53.6	16.2
上海	22	9048	246039	186997	93.3	43.6
江苏	68	36900	335444	234288	194.1	62.9
浙江	61	33541	296359	179807	368.9	77.6
安徽	57	27749	326192	177421	140.3	94.4
福建	26	66688	265922	317742	357.9	119.2
江西	130	80447	405563	244647	253.8	137.0
山东	285	83424	294593	163596	261.0	100.8
河南	101	60793	483082	233472	232.9	128.5
湖北	55	18336	312709	210990	222.5	142.4
湖南	128	88282	290688	203354	249.7	138.9
广东	215	136684	331620	217533	251.9	93.2
广西	132	64916	304870	194619	192.9	90.8
海南	11	3894	467009	415592	225.6	150.3
重庆	42	31923	345270	193620	98.1	72.7
四川	95	118924	242514	109220	65.8	48.4
贵州	41	15720	382324	193564	312.4	76.8
云南	94	36580	301916	154886	111.0	53.3
西藏	4	350	429214	101734	115.1	10.0
陕西	107	48115	310610	141737	164.4	72.3
甘肃	60	24189	226166	115251	149.2	45.4
青海	15	3344	446056	273154	55.3	45.0
宁夏	7	760	275470	208718	136.0	83.8
新疆	11	1868	490139	310056	48.9	38.1

2–23 各地区集体建筑业企业资产构成

单位：万元

地 区	资产总计	#流动资产合计	#存货
全国总计	**22541019**	**18607774**	**3895482**
北 京	1209809	1104556	304299
天 津	1048618	956390	125274
河 北	322877	247292	27678
山 西	514062	470100	201673
内蒙古	43835	40275	22882
辽 宁	1179124	999272	114450
吉 林	209772	178490	36076
黑龙江	348984	285160	35953
上 海	177954	163305	20317
江 苏	822156	691557	122668
浙 江	838601	723847	132945
安 徽	366388	276353	52754
福 建	637167	558085	140134
江 西	1594105	1254651	341658
山 东	3088331	2623228	777283
河 南	664815	439123	62075
湖 北	286275	197100	38316
湖 南	819110	538054	144958
广 东	2913186	2564276	552280
广 西	1142695	928123	128796
海 南	118704	106532	4502
重 庆	304435	222235	17809
四 川	783882	603485	116368
贵 州	558854	496641	92753
云 南	635181	445734	47233
西 藏	16434	14070	4661
陕 西	1105297	820521	149939
甘 肃	516635	428085	70028
青 海	99217	80799	672
宁 夏	83508	73640	5198
新 疆	91012	76799	3849

2-24 各地区集体建筑业企业固定资产情况

单位：万元

地区	固定资产原价	累计折旧	#本年折旧	在建工程
全国总计	**3168707**	**1362693**	**159173**	**421843**
北京	107379	47643	3766	526
天津	37265	17988	2032	18672
河北	63781	18057	1875	1642
山西	49652	20215	2214	764
内蒙古	5598	2065	1262	
辽宁	170891	83297	8654	6065
吉林	28949	16274	1615	291
黑龙江	67687	33027	3108	502
上海	16882	9330	425	5479
江苏	110269	63886	6864	17087
浙江	136870	55513	4164	4397
安徽	116345	62413	6032	15240
福建	32816	13480	1006	1581
江西	236913	78882	14151	61668
山东	307697	135761	17194	38079
河南	216884	96152	12009	13300
湖北	85078	44369	3951	5630
湖南	162789	55503	9350	44393
广东	322628	159810	15666	34793
广西	125737	44269	7443	24420
海南	4912	3055	2495	165
重庆	44790	17038	1790	5905
四川	128914	54508	6133	10809
贵州	51496	10889	1472	35975
云南	163163	75021	10057	46289
西藏	2107	398	37	4646
陕西	212635	77290	9447	18982
甘肃	110859	41686	3596	3105
青海	19094	10467	263	1016
宁夏	7898	4476	330	14
新疆	20730	9932	774	409

2-25 各地区集体建筑业企业负债及所有者权益

单位：万元

地区	负债合计	#流动负债	#应付账款	所有者权益	#实收资本
全国总计	**15058856**	**13768151**	**4431525**	**7482790**	**3992109**
北京	914430	882710	241452	295379	156980
天津	789267	778179	202804	259352	94426
河北	181232	165626	64081	141644	79002
山西	436448	433572	129549	77614	62086
内蒙古	39407	35993	5698	4427	10821
辽宁	907758	836467	188445	271994	186639
吉林	174830	171152	114970	34942	23188
黑龙江	227140	227181	105261	121844	60355
上海	111228	96484	53722	66726	38927
江苏	446498	416192	135426	375659	120964
浙江	567846	565552	119529	270756	161348
安徽	186667	177224	39624	179721	57303
福建	432139	397424	32020	205028	99242
江西	1001843	888252	252099	592262	280806
山东	2365468	2233613	809910	722863	443687
河南	294203	182150	77589	370611	192752
湖北	112663	86993	26815	173612	106867
湖南	443117	363853	71814	375993	260222
广东	2054002	1827442	467381	859184	378211
广西	754535	701517	338215	388160	231525
海南	58449	56685	26990	60255	7116
重庆	193748	165636	48635	110688	79743
四川	459899	381787	170426	323983	184762
贵州	398687	377224	81428	160167	86374
云南	349782	279560	112588	285399	141909
西藏	7129	6610	1966	9305	6401
陕西	616508	513007	211457	488790	291719
甘肃	346726	334527	184181	169909	106866
青海	66421	64901	53366	32796	17482
宁夏	61228	61126	22258	22280	12755
新疆	59562	59514	41825	31450	11636

2–26 各地区集体建筑业企业收入情况

单位：万元

地区	主营业务收入	主营业务成本	主营业务税金及附加	其他业务收入	其他业务利润
全国总计	**30223242**	**27334206**	**725372**	**497392**	**27415**
北京	1094267	1030263	4423	5612	4025
天津	357997	323650	1334	3949	1089
河北	604270	565170	8786	1989	10
山西	354246	337194	2177	4974	474
内蒙古	40001	37134	173		
辽宁	645169	589976	10787	130250	1118
吉林	198428	179451	931	8658	64
黑龙江	197889	166015	10906	18204	203
上海	381890	369462	1447	296	296
江苏	985473	879019	8595	3851	60
浙江	807223	765588	5163	90396	2770
安徽	786405	675450	16460	1068	286
福建	1012017	966093	5516	2229	1200
江西	2369425	2129102	65383	64326	1404
山东	2229128	2015256	29241	6215	1460
河南	1991149	1619750	157766	1617	112
湖北	512414	448509	10860	316	-16
湖南	2012836	1770591	71611	4034	2001
广东	5153752	4840416	70589	17501	1744
广西	1468341	1368989	22403	1778	568
海南	178068	162468	1442	46	44
重庆	744782	665349	21050	15922	2450
四川	2312652	2014407	80093	32295	302
贵州	702003	663953	9644	3348	1184
云南	927254	817565	46576	7771	3592
西藏	18882	17796	359	17	16
陕西	1304078	1147797	49428	69516	545
甘肃	541319	499692	9210	1108	311
青海	156910	144362	921	97	97
宁夏	23156	21940	106		
新疆	111817	101802	1994	9	9

2–27 各地区集体建筑业企业费用情况

单位：万元

地　区	管理费用	销售费用	研发费用	财务费用	#利息收入	#利息支出
全国总计	**1037108**	**139753**	**10120**	**101800**	**69846**	**50705**
北　京	49287	190		-751	1549	454
天　津	29874	7		1545	-27	1558
河　北	8619	975		747	-21	23
山　西	10651	737		175	-2	112
内蒙古	1039			329	2	328
辽　宁	37285	999		2013	-155	357
吉　林	18348	74		79	17	6
黑龙江	27763	203		26	123	19
上　海	8510	544		-118	206	1
江　苏	47126	1933	29	414	779	809
浙　江	22410	2347	462	2039	271	2476
安　徽	46774	14966		2187	406	447
福　建	18490	56	4464	6939	373	4331
江　西	68712	7569		12462	101	9997
山　东	65573	6624	80	17560	1519	9904
河　南	67725	12324	96	11678	254	1704
湖　北	19354	6473		1856	317	1362
湖　南	66328	20889	272	7034	304	1558
广　东	87244	11548	3623	2493	50394	3187
广　西	41771	4656		3287	159	1513
海　南	2337	1		86		1
重　庆	21129	6969		61	1014	336
四　川	101636	21645	774	18726	257	5194
贵　州	10850	44		698	-76	87
云　南	52254	5596	320	5794	125	2398
西　藏	871	11		-3		
陕　西	68328	9990		3159	306	1879
甘　肃	17311	2375		1264	11563	665
青　海	12924	2		-67	38	1
宁　夏	1164			80		1
新　疆	5423	7		10	49	

2–28 各地区集体建筑业企业利润及税金情况

单位：万元

地区	利润总额	#所得税费用	税金总额	主营业务税金及附加	应交增值税
全国总计	**1011367**	**262618**	**1794757**	**725372**	**1069385**
北京	16942	5046	24686	4423	20263
天津	1210	1979	7709	1334	6375
河北	21242	6682	24352	8786	15566
山西	5826	960	11309	2177	9132
内蒙古	1361	563	1901	173	1728
辽宁	11828	6342	33722	10787	22935
吉林	2661	1415	5096	931	4165
黑龙江	4757	826	18472	10906	7567
上海	3125	616	14713	1447	13266
江苏	44429	12491	46009	8595	37414
浙江	17085	4519	30285	5163	25122
安徽	24075	2692	48920	16460	32461
福建	21981	7879	17468	5516	11952
江西	93798	23580	141225	65383	75842
山东	75758	13936	93719	29241	64477
河南	140223	26209	264439	157766	106673
湖北	28821	5542	28672	10860	17812
湖南	77340	14440	139042	71611	67431
广东	146404	48676	271411	70589	200822
广西	29876	11931	68748	22403	46346
海南	11606	3304	11133	1442	9691
重庆	36328	8010	37062	21050	16012
四川	83193	20113	167051	80093	86958
贵州	13776	11014	49609	9644	39965
云南	42590	7331	77322	46576	30747
西藏	351	63	369	359	10
陕西	39946	9064	112234	49428	62806
甘肃	10992	6591	35442	9210	26233
青海	782	-22	4744	921	3823
宁夏	-208	5	721	106	615
新疆	3268	823	7174	1994	5180

2-29 各地区集体建筑业企业应收工程款及企业亏损情况

地 区	应收工程款（万元）	企业个数（个）	#亏损企业个数	亏损企业的比重（%）
全国总计	**5414884**	**2180**	**405**	**18.6**
北 京	163746	57	16	28.1
天 津	301771	26	8	30.8
河 北	107473	61	10	16.4
山 西	142239	46	13	28.3
内 蒙 古	10233	5	1	20.0
辽 宁	196835	149	54	36.2
吉 林	71986	24	10	41.7
黑 龙 江	95423	45	13	28.9
上 海	37693	22	2	9.1
江 苏	158901	68	5	7.4
浙 江	128912	61	15	24.6
安 徽	129234	57	11	19.3
福 建	49872	26	4	15.4
江 西	365834	130	14	10.8
山 东	820062	285	50	17.5
河 南	125181	101	7	6.9
湖 北	69473	55	7	12.7
湖 南	186356	128	10	7.8
广 东	609550	215	26	12.1
广 西	320096	132	33	25.0
海 南	11551	11	1	9.1
重 庆	81297	42	6	14.3
四 川	257130	95	13	13.7
贵 州	108507	41	11	26.8
云 南	195510	94	22	23.4
西 藏	8023	4	1	25.0
陕 西	297798	107	16	15.0
甘 肃	232827	60	17	28.3
青 海	54400	15	5	33.3
宁 夏	33921	7	3	42.9
新 疆	43052	11	1	9.1

2-30 各地区集体建筑业企业主要经济效益指标

地　区	产值利润率 (%)	产值利税率 (%)	资本利润率 (%)	资本利税率 (%)	人均利润 (元/人)	人均利税 (元/人)	资产负债率 (%)
全国总计	**2.9**	**8.1**	**25.3**	**70.3**	**9328**	**25883**	**66.8**
北　京	2.8	7.0	10.8	26.5	16883	41482	75.6
天　津	0.5	3.7	1.3	9.4	2259	16649	75.3
河　北	2.7	5.8	26.9	57.7	8886	19073	56.1
山　西	2.2	6.4	9.4	27.6	5497	16168	84.9
内蒙古	3.2	7.8	12.6	30.1	8900	21330	89.9
辽　宁	1.7	6.5	6.3	24.4	3812	14680	77.0
吉　林	1.6	4.7	11.5	33.5	6330	18452	83.3
黑龙江	3.5	16.9	7.9	38.5	9445	46118	65.1
上　海	1.4	8.0	8.0	45.8	3454	19715	62.5
江　苏	3.6	7.3	36.7	74.8	12040	24509	54.3
浙　江	1.7	4.8	10.6	29.4	5094	14123	67.7
安　徽	2.7	8.1	42.0	127.4	8676	26306	50.9
福　建	1.2	2.2	22.1	39.8	3296	5915	67.8
江　西	2.9	7.2	33.4	83.7	11660	29215	62.8
山　东	3.1	6.9	17.1	38.2	9081	20315	76.6
河　南	4.8	13.8	72.7	209.9	23066	66564	44.3
湖　北	5.0	10.0	27.0	53.8	15718	31356	39.4
湖　南	3.0	8.4	29.7	83.2	8761	24510	54.1
广　东	3.2	9.2	38.7	110.5	10711	30568	70.5
广　西	1.5	5.0	12.9	42.6	4602	15193	66.0
海　南	6.4	12.5	163.1	319.6	29804	58394	49.2
重　庆	3.3	6.7	45.6	92.0	11380	22990	63.6
四　川	2.9	8.7	45.0	135.4	6995	21042	58.7
贵　州	2.3	10.5	15.9	73.4	8764	40321	71.3
云　南	3.9	10.9	30.0	84.5	11643	32781	55.1
西　藏	2.3	4.8	5.5	11.2	10023	20563	43.4
陕　西	2.7	10.2	13.7	52.2	8302	31628	55.8
甘　肃	2.0	8.5	10.3	43.5	4544	19196	67.1
青　海	0.5	3.7	4.5	31.6	2340	16526	66.9
宁　夏	-1.0	2.5	-1.6	4.0	-2733	6753	73.3
新　疆	3.6	11.4	28.1	89.7	17496	55898	65.4

2–31　各地区私营建筑业企业签订合同情况

单位：万元

地　区	签订合同额	上年结转合同额	本年新签合同额
全国总计	**1925363573**	**728198253**	**1197165319**
北　京	12827780	5408309	7419470
天　津	9075057	3393491	5681566
河　北	36344448	15185151	21159297
山　西	29694493	8737133	20957361
内蒙古	9510165	4018737	5491429
辽　宁	25011973	6268016	18743958
吉　林	18990717	6165452	12825265
黑龙江	6379663	1921591	4458073
上　海	33139996	15438269	17701727
江　苏	325557476	118126817	207430658
浙　江	271978935	125859551	146119384
安　徽	59899311	20952072	38947239
福　建	183750857	65701843	118049014
江　西	63165245	19423787	43741458
山　东	86156853	29945383	56211470
河　南	87403152	26846648	60556504
湖　北	72737023	24753344	47983679
湖　南	77617532	32508753	45108779
广　东	122850573	52027963	70822610
广　西	45384421	18258537	27125884
海　南	1730570	832693	897876
重　庆	85193006	30024322	55168684
四　川	128512794	45568130	82944664
贵　州	25651281	13896309	11754972
云　南	35832922	10394386	25438536
西　藏	1883215	814398	1068817
陕　西	30075624	11293896	18781728
甘　肃	11568351	5094166	6474185
青　海	2857308	1292005	1565303
宁　夏	5545682	1862604	3683078
新　疆	19037152	6184499	12852654

2–32 各地区私营建筑业企业承包工程完成情况

单位：万元

地区	直接从建设单位承揽工程完成的产值	自行完成施工产值	分包出去工程的产值	从建设单位以外承揽工程完成的产值
全国总计	**1129756659**	**1114674311**	**15082348**	**59477079**
北京	6692881	5797090	895792	2020649
天津	5909700	5537718	371982	869996
河北	19862782	19712575	150207	585285
山西	18886662	18739668	146994	1015820
内蒙古	4665537	4642954	22582	62330
辽宁	16803771	16595588	208183	546147
吉林	10840754	10713853	126901	275111
黑龙江	3708083	3651607	56476	88622
上海	16262227	15400119	862107	2663895
江苏	200188553	199669867	518687	18184888
浙江	134038884	132370358	1668525	4895720
安徽	38277444	37941671	335773	1780085
福建	105258014	104911375	346639	3589450
江西	43208563	42668307	540256	2415679
山东	50475243	49868822	606422	2127116
河南	60296091	59191645	1104446	2193794
湖北	49306536	48883965	422571	1188286
湖南	48310694	47841932	468763	1617464
广东	60505879	57917830	2588049	3109611
广西	25109570	24826382	283188	616467
海南	655529	653399	2131	11591
重庆	58770399	57613373	1157025	2440391
四川	73760258	72436599	1323659	4480461
贵州	11173953	11023512	150441	519821
云南	25851786	25665742	186043	914648
西藏	1130449	1095967	34482	48989
陕西	19479750	19137207	342542	883165
甘肃	5278160	5227246	50914	79745
青海	1599121	1579854	19267	25566
宁夏	3436441	3406576	29865	43841
新疆	10012947	9951511	61436	182448

2–33 各地区私营企业建筑业总产值和竣工产值

单位：万元

地区	建筑业总产值	#装饰装修产值	#在外省完成的产值	按构成分组			竣工产值
				建筑工程产值	安装工程产值	其他产值	
全国总计	**1174151390**	**64872324**	**280000113**	**1027409172**	**99305571**	**47436647**	**625310150**
北京	7817738	2040306	3093316	6791946	826792	199000	4568539
天津	6407714	321359	1096913	4853286	1233045	321382	2023852
河北	20297860	731573	2250284	17496418	1553871	1247572	9316496
山西	19755489	732764	3375666	16560258	2307633	887597	8433393
内蒙古	4705285	86376	975208	4124109	328149	253027	2492525
辽宁	17141735	893300	2786069	14189907	2266221	685608	8416908
吉林	10988964	374171	1391560	9343291	983544	662129	6155794
黑龙江	3740229	246897	350438	3134109	318351	287768	1823273
上海	18064014	2606330	5331239	14465251	2902175	696588	10036763
江苏	217854754	12928366	87254239	203145930	12399352	2309472	163654226
浙江	137266078	8911883	38338344	123625758	9689960	3950361	71434198
安徽	39721756	1545169	5234563	32734743	3128117	3858896	18033649
福建	108500824	3716864	53250378	100301250	6525028	1674547	47719033
江西	45083986	1931223	12780724	37975768	3375203	3733015	22074328
山东	51995937	3315450	5915244	41769626	8573283	1653029	25081628
河南	61385439	2624045	6139098	51113813	7000704	3270921	32342954
湖北	50072251	3460320	8627845	43935227	4383453	1753572	28360896
湖南	49459396	2094699	8014700	40616400	4925462	3917534	27567950
广东	61027440	8163266	8324848	50210960	8151249	2665231	23028478
广西	25442849	907106	2654478	21026303	2075680	2340866	10742445
海南	664990	56459	16995	608997	32015	23978	125953
重庆	60053764	2275311	8026988	54206508	3798738	2048518	27327106
四川	76917059	2729245	8668723	66739760	6448567	3728733	37328312
贵州	11543334	314266	488981	9829946	987300	726087	4912026
云南	26580391	715109	558671	23505854	1825349	1249188	14266308
西藏	1144957	12198	13137	1076314	49384	19258	580542
陕西	20020372	735422	2580995	17076838	1834446	1109088	6378655
甘肃	5306991	154930	661480	4621866	500966	184158	2717203
青海	1605420	5318	48407	1410069	166828	28523	918516
宁夏	3450417	60409	266796	3168119	177272	105026	1731707
新疆	10133959	182193	1483788	7750550	537434	1845975	5716495

2-34 各地区私营建筑业企业房屋建筑面积

单位：万平方米、%

地区	房屋施工面积	#本年新开工	房屋竣工面积	房屋竣工率
全国总计	**648205**	**255297**	**216743**	**33.4**
北京	980	222	146	14.9
天津	1583	440	674	42.6
河北	11844	4943	3496	29.5
山西	6765	2943	2002	29.6
内蒙古	2100	966	686	32.7
辽宁	6897	2812	2526	36.6
吉林	4815	2906	1634	33.9
黑龙江	1038	600	362	34.9
上海	7823	2219	1549	19.8
江苏	168553	60976	52042	30.9
浙江	109425	36798	27349	25.0
安徽	20068	8184	8264	41.2
福建	60223	21068	14714	24.4
江西	16575	8724	7925	47.8
山东	31557	13022	9411	29.8
河南	26955	12186	11467	42.5
湖北	28275	15043	14041	49.7
湖南	23193	10351	10881	46.9
广东	24956	8506	6842	27.4
广西	9743	3827	3759	38.6
海南	301	101	32	10.5
重庆	25851	10892	11239	43.5
四川	30492	15619	14132	46.3
贵州	5115	1950	1683	32.9
云南	9913	4277	4074	41.1
西藏	262	155	128	48.9
陕西	6051	2166	1905	31.5
甘肃	1846	810	785	42.5
青海	629	188	257	40.8
宁夏	1035	521	335	32.3
新疆	3341	1880	2406	72.0

2–35 各地区按主要用途分的私营建筑业企业房屋竣工面积

单位：万平方米

地　区	总计	住宅房屋	商业及服务用房屋	办公用房　屋	科研、教育和医疗用房屋
全国总计	**216743**	**143101**	**13696**	**9320**	**8451**
北　京	146	73	8	4	18
天　津	674	470	16	7	63
河　北	3496	2460	161	114	198
山　西	2002	1363	247	76	51
内蒙古	686	526	39	10	32
辽　宁	2526	1861	112	56	48
吉　林	1634	1287	64	54	20
黑龙江	362	273	10	7	11
上　海	1549	940	22	44	25
江　苏	52042	36954	1450	2128	1454
浙　江	27349	13819	1576	1152	853
安　徽	8264	5336	513	319	308
福　建	14714	10008	1033	688	387
江　西	7925	4824	678	591	373
山　东	9411	6361	432	433	426
河　南	11467	8430	633	523	579
湖　北	14041	9671	1216	617	753
湖　南	10881	7491	889	388	694
广　东	6842	3852	362	336	367
广　西	3759	2007	316	261	424
海　南	32	14		4	2
重　庆	11239	8398	610	487	228
四　川	14132	10328	1066	402	401
贵　州	1683	1166	162	40	115
云　南	4074	2428	431	352	322
西　藏	128	85	6	7	8
陕　西	1905	1300	216	74	93
甘　肃	785	471	68	51	62
青　海	257	146	12	20	21
宁　夏	335	212	46	12	22
新　疆	2406	548	1305	65	97

2–35 续表1

单位：万平方米

地　区	文化、体育和娱乐用房屋	厂房及建筑物	仓　库	其他未列明的房屋建筑物
全国总计	**1909**	**32751**	**1754**	**5762**
北　京		31	2	11
天　津		99	7	13
河　北	24	390	20	131
山　西	12	181	10	62
内蒙古	1	55	4	20
辽　宁	9	341	31	68
吉　林	9	124	5	71
黑龙江	1	37	4	21
上　海	1	357	109	52
江　苏	322	8516	309	910
浙　江	215	8646	603	485
安　徽	30	1523	45	190
福　建	100	2307	59	134
江　西	113	957	72	319
山　东	85	1446	66	162
河　南	138	793	81	291
湖　北	153	1331	33	269
湖　南	136	850	45	388
广　东	55	1558	27	286
广　西	97	390	48	215
海　南	2	3		7
重　庆	58	1026	38	395
四　川	222	1064	92	558
贵　州	12	70	5	114
云　南	58	216	19	249
西　藏	1	5		17
陕　西	12	101	4	106
甘　肃	6	52	8	68
青　海	22	9	1	26
宁　夏	1	27	2	13
新　疆	17	249	10	115

2-36 各地区按主要用途分的私营建筑业企业房屋竣工价值

单位：万元

地区	总计	住宅房屋	商业及服务用房屋	办公用房屋	科研、教育和医疗用房屋
全国总计	**370787644**	**250727982**	**22632352**	**17028306**	**17057911**
北京	372086	218358	22526	10720	40328
天津	779445	403014	15370	11108	170432
河北	5802134	4136263	253294	164130	358397
山西	3592201	2570576	393864	145572	91670
内蒙古	1100949	856016	64422	22975	53047
辽宁	4199434	3192167	131279	87001	53091
吉林	2837492	2208170	105444	108445	58537
黑龙江	489557	372108	13958	8388	22017
上海	3049445	1876541	53406	134248	67096
江苏	102749768	73948340	3090309	4361665	3777052
浙江	47693304	26098504	3331568	2164427	2198785
安徽	11426990	7602603	748426	457117	479871
福建	28612694	20194471	2015181	1170050	991792
江西	13413497	7776269	1589091	1380731	590118
山东	15151126	10272526	677256	950275	827797
河南	16651794	12498619	835970	754519	886220
湖北	20509071	13969957	1913099	904099	1114721
湖南	16513042	11347185	1369969	629719	1158491
广东	11807199	7186716	658660	533504	594905
广西	6337630	3609047	496842	495871	802062
海南	56602	38134	440	4949	4324
重庆	16196224	11791035	1158051	668107	367004
四川	23233061	17291633	1954726	690754	786070
贵州	2589259	1671419	303595	84515	219110
云南	7519355	4855405	609295	611374	668531
西藏	294364	190402	18344	13758	21432
陕西	3198151	2202016	369988	123850	147954
甘肃	1255606	767278	99030	78407	115761
青海	507947	313741	28766	46301	56424
宁夏	584063	315461	100916	30103	56098
新疆	2264157	954009	209271	181625	278777

2–36 续表1

单位：万元

地 区	文化、体育和娱乐用房屋	厂房及建筑物	仓 库	其他未列明的房屋建筑物
全国总计	**3452512**	**48164551**	**2812372**	**8911658**
北 京		61433	3390	15331
天 津	20	140976	3685	34841
河 北	84316	515268	40814	249652
山 西	20577	239936	11695	118312
内蒙古	2483	59594	6436	35975
辽 宁	13507	575847	52062	94480
吉 林	34720	205830	3731	112615
黑龙江	488	49611	3197	19791
上 海	1474	623011	163957	129713
江 苏	856610	14546960	473407	1695425
浙 江	474278	11458561	1140549	826631
安 徽	30250	1810261	56892	241570
福 建	176981	3681895	116014	266311
江 西	195568	1325938	103734	452048
山 东	187202	1975200	90114	170757
河 南	219157	922595	112323	422391
湖 北	229652	1903781	46799	426962
湖 南	214132	1232266	48482	512799
广 东	71210	2226955	48338	486912
广 西	164452	481053	69270	219031
海 南	2354	4102		2299
重 庆	65147	1532077	58180	556624
四 川	203292	1465898	97587	743101
贵 州	23165	86052	6897	194507
云 南	99101	319262	26367	330020
西 藏	1222	9719	968	38520
陕 西	22239	179240	5674	147192
甘 肃	9201	65433	5205	115293
青 海	10820	11855	751	39287
宁 夏	3799	49236	3095	25354
新 疆	35096	404705	12759	187916

2-37 各地区私营建筑业企业主要生产效益指标

地区	建筑业企业个数(个)	从事建筑业活动的平均人数(人)	按总产值计算的劳动生产率(元/人)	人均竣工产值(元/人)	人均施工面积(平方米/人)	人均竣工面积(平方米/人)
全国总计	**91560**	**35031970**	**335166**	**178497**	**185.0**	**61.9**
北京	1469	217273	359812	210267	45.1	6.7
天津	1291	313375	204474	64582	50.5	21.5
河北	2239	521817	388984	178540	227.0	67.0
山西	2843	524988	376304	160640	128.9	38.1
内蒙古	618	114197	412032	218265	183.9	60.1
辽宁	4493	406046	422162	207290	169.9	62.2
吉林	1871	230278	477204	267320	209.1	71.0
黑龙江	1509	121677	307390	149845	85.3	29.8
上海	1699	393668	458864	254955	198.7	39.4
江苏	9758	7025183	310105	232954	239.9	74.1
浙江	7296	3984506	344500	179280	274.6	68.6
安徽	4201	1148245	345935	157054	174.8	72.0
福建	6458	3977358	272796	119977	151.4	37.0
江西	2789	1025532	439616	215248	161.6	77.3
山东	5760	1368944	379825	183219	230.5	68.7
河南	5947	1764483	347895	183300	152.8	65.0
湖北	3343	1139864	439283	248809	248.1	123.2
湖南	2406	1458085	339208	189070	159.1	74.6
广东	5749	1487161	410362	154849	167.8	46.0
广西	1481	773441	328957	138892	126.0	48.6
海南	76	10865	612048	115926	276.8	29.0
重庆	2838	1868032	321481	146288	138.4	60.2
四川	5492	2621015	293463	142419	116.3	53.9
贵州	1294	321403	359155	152831	159.2	52.4
云南	2746	974420	272782	146408	101.7	41.8
西藏	299	41467	276113	140001	63.3	30.9
陕西	2566	583567	343069	109305	103.7	32.6
甘肃	1167	176152	301273	154253	104.8	44.6
青海	257	44548	360380	206186	141.2	57.6
宁夏	541	140146	246202	123565	73.9	23.9
新疆	1064	254234	398608	224852	131.4	94.6

2-38 各地区私营建筑业企业资产构成

单位：万元

地　　区	资产总计	#流动资产合计	#存货
全国总计	**893200322**	**758629635**	**147964664**
北　　京	16529100	14808762	1653895
天　　津	8507806	7587317	613357
河　　北	27426622	22594576	4659144
山　　西	17744367	14903367	2787128
内 蒙 古	10200962	8107552	1129116
辽　　宁	28070722	23072464	3438156
吉　　林	14762422	12409740	2076524
黑 龙 江	6950942	5714620	979783
上　　海	26148559	23382004	3338887
江　　苏	138572189	118205364	29363052
浙　　江	94150920	79883223	18860573
安　　徽	25581383	21574900	3781106
福　　建	51325995	44057073	7233898
江　　西	23674848	19095682	4433172
山　　东	52761594	44640931	10878884
河　　南	45059117	36608633	6197674
湖　　北	33032650	27795514	6051591
湖　　南	23521268	19077315	3951744
广　　东	69150019	62380679	9111016
广　　西	13654022	12090966	1572500
海　　南	620568	573091	36283
重　　庆	33172602	28098328	6148043
四　　川	44744024	36415682	7770867
贵　　州	13817157	12464148	1949147
云　　南	21581617	18295736	2604922
西　　藏	2757644	2293829	143712
陕　　西	22518464	19435951	3212928
甘　　肃	8008615	6383083	1047604
青　　海	2411343	1996775	390705
宁　　夏	4742826	4103402	831033
新　　疆	11999956	10578928	1718220

2-39 各地区私营建筑业企业固定资产情况

单位：万元

地 区	固定资产原价	累计折旧	#本年折旧	在建工程
全国总计	**89613582**	**40107265**	**6213758**	**15072740**
北 京	1138278	573090	75887	94347
天 津	761183	401797	40841	62267
河 北	3004854	1240622	161592	443133
山 西	2138198	958679	165292	293159
内 蒙 古	1103429	531401	81147	183192
辽 宁	2844327	1445008	143606	190778
吉 林	1241670	561631	88443	299322
黑 龙 江	891218	411017	60092	107820
上 海	2051631	1123028	114864	121810
江 苏	15535188	6763055	1005787	1815032
浙 江	9702459	4682588	626861	768708
安 徽	2630828	1096342	183285	668118
福 建	5771346	2666394	428463	534465
江 西	2290071	887021	168952	555322
山 东	5766694	2518886	389853	882589
河 南	5473049	2117615	432239	761303
湖 北	4138456	1800375	329556	1347816
湖 南	2938807	1187544	193409	776586
广 东	4398778	2005279	315629	1214190
广 西	1071901	481701	98253	311749
海 南	45313	24426	3664	16731
重 庆	2327196	1040200	203088	570184
四 川	3735551	1761257	298671	1375788
贵 州	500751	158908	35443	328147
云 南	2565548	1227191	204036	342015
西 藏	232327	61858	9329	69341
陕 西	2300076	1001311	161806	405519
甘 肃	890719	307598	50780	195155
青 海	303841	148441	17051	36819
宁 夏	448085	195930	30871	16704
新 疆	1371814	727072	94968	284633

2-40 各地区私营建筑业企业负债及所有者权益

单位：万元

地区	负债合计	#流动负债	#应付账款	所有者权益	#实收资本
全国总计	**541682535**	**501716783**	**182963629**	**351540783**	**206570179**
北京	12558292	12305479	3964211	3970848	3158121
天津	5732415	5411224	2565378	2775391	1952359
河北	17877339	16041397	6173420	9549584	7462039
山西	10975246	10624593	4917789	6769121	5208423
内蒙古	7500009	7255900	2379452	2700953	1772611
辽宁	18982047	16652614	5608905	9085459	6202618
吉林	9394647	8811077	3006616	5367774	3155506
黑龙江	3551064	3423286	1286581	3399878	2331887
上海	17884285	17000891	6730576	8264274	4680129
江苏	73170733	68950698	26992550	65401595	29887268
浙江	60581473	58253246	22652202	33569448	20081561
安徽	15463195	13794616	4380380	10119318	5656691
福建	27166195	25751382	6963501	24159855	14609565
江西	11719395	10088029	3260380	11955454	7142757
山东	35996847	34154900	14168269	16764747	10236015
河南	24085292	21554474	6359241	20973825	13328711
湖北	15458340	13687516	4903476	17574672	8191340
湖南	12282205	10703156	3637965	11239063	6005862
广东	47560318	44129164	14263811	21589778	13285810
广西	8512287	7829518	2658850	5161002	3440646
海南	320333	297286	81221	300236	130940
重庆	21811506	19221325	7975549	11359828	5929727
四川	26891577	23620389	8410189	17858608	11743670
贵州	10427542	9626128	3033417	3389616	2111795
云南	13265854	12053929	4373157	8315763	4972743
西藏	1529860	1430435	384078	1227785	412499
陕西	13449185	12518953	5039223	9069279	7259023
甘肃	4615644	4216191	1596742	3392972	2199448
青海	1636264	1547925	597234	775079	718242
宁夏	3141083	3022320	1252522	1601743	1147969
新疆	8142065	7738745	3346747	3857837	2154204

2−41 各地区私营建筑业企业收入情况

单位：万元

地区	主营业务收入	主营业务成本	主营业务税金及附加	其他业务收入	其他业务利润
全国总计	**996399719**	**908580507**	**9898162**	**18742372**	**574741**
北京	11445341	10092513	39324	118481	31962
天津	7203403	6611187	36206	250514	5869
河北	18755921	17308764	142465	670920	13972
山西	17974326	16469992	85570	342547	11859
内蒙古	5486178	5125042	35481	89612	8423
辽宁	16894120	15465477	149091	782494	3544
吉林	10427200	9492983	104703	305002	7139
黑龙江	4573731	4262956	35760	113033	476
上海	21540584	19927234	73146	170347	25382
江苏	184796321	169206079	1565724	741156	139145
浙江	112491678	105567947	577744	843827	97413
安徽	29093244	26746396	237644	1031812	12143
福建	86083598	78016062	1204647	1161895	9964
江西	31554548	28666903	411293	876810	29601
山东	49830974	46056072	336386	134351	24879
河南	49775360	43786244	863454	2034727	16623
湖北	43618670	38816322	781176	855559	-12122
湖南	41854603	37607508	795215	212102	5380
广东	63268392	57350965	352696	684788	53214
广西	15910488	14853020	102447	510229	3578
海南	715685	651484	4481	9129	406
重庆	45568735	40547098	548407	1005460	22915
四川	56133677	50584838	736584	2038921	21801
贵州	9889772	8976361	79737	375105	1585
云南	19958586	18006997	262906	509130	10640
西藏	1670451	1478362	14366	34217	436
陕西	18110174	16641615	182598	2403087	10406
甘肃	5650263	5145478	51327	106885	1795
青海	1967950	1878908	16729	135104	1137
宁夏	3686441	3458908	19890	25976	7194
新疆	10469305	9780793	50963	169154	7986

2-42 各地区私营建筑业企业费用情况

单位：万元

地 区	管理费用	销售费用	研发费用	财务费用	#利息收入	#利息支出
全国总计	**34270286**	**4637234**	**3355089**	**6511860**	**417859**	**3658689**
北 京	782656	248323	99771	34928	11130	31825
天 津	383470	47547	37106	35505	367	24565
河 北	638122	38619	50404	224976	36718	157972
山 西	769423	69864	104519	72132	2578	36883
内蒙古	207184	5884	8894	66336	-277	59784
辽 宁	806182	63381	35688	217335	12257	92059
吉 林	376738	30850	32018	126505	8441	79004
黑龙江	216723	14357	4044	15581	1011	5963
上 海	983615	135347	138030	100644	8498	70213
江 苏	5576561	824086	283722	1201600	91556	751556
浙 江	3115583	295819	637332	627294	88868	529197
安 徽	1026497	149325	75207	225121	6977	96186
福 建	2685971	281279	181040	284439	13543	145799
江 西	932702	114693	186566	153641	7080	67877
山 东	1663208	173234	175593	361595	12777	186975
河 南	1806042	336088	181335	307306	8919	170148
湖 北	1428816	241629	96836	288830	7709	135578
湖 南	1410124	211416	251970	187090	6717	75372
广 东	2581310	392292	524848	601191	44716	299784
广 西	513160	24412	19998	84664	4032	36703
海 南	24621	833	659	2789	75	719
重 庆	1520200	219701	67417	352684	11225	224042
四 川	2100580	437362	86476	535644	14939	154533
贵 州	295919	25465	5714	43977	1854	15710
云 南	745253	129782	22784	116946	2318	68803
西 藏	62602	4167	193	5064	4004	5328
陕 西	832927	70947	33892	99678	2446	39118
甘 肃	198167	30028	7547	57481	2262	42184
青 海	73953	2584	983	12163	165	3814
宁 夏	139123	6208	3121	19550	1064	10357
新 疆	372855	11714	1385	49175	3891	40639

2–43 各地区私营建筑业企业利润及税金情况

单位：万元

地 区	利润总额	#所得税费用	税金总额	主营业务税金及附加	应交增值税
全国总计	**35088053**	**7652819**	**37440091**	**9898162**	**27541929**
北 京	100277	34220	287642	39324	248317
天 津	66362	24052	226778	36206	190571
河 北	586238	138128	591694	142465	449230
山 西	330955	79903	591398	85570	505827
内蒙古	60699	35455	194883	35481	159403
辽 宁	371681	126279	591816	149091	442725
吉 林	369237	93311	450361	104703	345658
黑龙江	62814	22647	170773	35760	135013
上 海	346758	82746	569391	73146	496245
江 苏	7603085	1584635	7105052	1565724	5539328
浙 江	2518637	548491	3383612	577744	2805867
安 徽	940200	170359	1042337	237644	804694
福 建	3426516	934261	3420337	1204647	2215689
江 西	1411192	271778	1113535	411293	702241
山 东	1330736	274419	1479984	336386	1143598
河 南	3162235	505365	2482126	863454	1618672
湖 北	2263640	572492	2066498	781176	1285322
湖 南	1498437	290940	1924238	795215	1129023
广 东	1647976	383493	1934256	352696	1581560
广 西	388695	110222	466288	102447	363841
海 南	31665	11448	43681	4481	39200
重 庆	2248195	385965	1948291	548407	1399884
四 川	2110346	426585	2298568	736584	1561985
贵 州	515435	119518	421130	79737	341393
云 南	787239	205873	1016102	262906	753195
西 藏	90055	16075	64529	14366	50163
陕 西	433695	94939	828419	182598	645821
甘 肃	151629	36752	221754	51327	170427
青 海	-2117	3340	63906	16729	47177
宁 夏	61875	12531	121451	19890	101562
新 疆	173665	56596	319262	50963	268299

2-44 各地区私营建筑业企业应收工程款及企业亏损情况

地区	应收工程款(万元)	企业个数(个)	#亏损企业个数	亏损企业的比重(%)
全国总计	**259285224**	**91560**	**17589**	**19.2**
北京	3940458	1469	476	32.4
天津	3593023	1291	322	24.9
河北	8522424	2239	403	18.0
山西	6037356	2843	701	24.7
内蒙古	2833221	618	170	27.5
辽宁	8373568	4493	1373	30.6
吉林	5322178	1871	383	20.5
黑龙江	1836042	1509	441	29.2
上海	7159111	1699	447	26.3
江苏	43534344	9758	841	8.6
浙江	22826107	7296	1866	25.6
安徽	7537640	4201	677	16.1
福建	13045869	6458	823	12.7
江西	5945664	2789	269	9.6
山东	15967842	5760	1192	20.7
河南	11841997	5947	768	12.9
湖北	10456496	3343	563	16.8
湖南	6564942	2406	266	11.1
广东	17857659	5749	1186	20.6
广西	4120875	1481	397	26.8
海南	220220	76	18	23.7
重庆	11181124	2838	483	17.0
四川	12063692	5492	709	12.9
贵州	5153219	1294	363	28.1
云南	6499581	2746	771	28.1
西藏	828773	299	39	13.0
陕西	6666882	2566	558	21.7
甘肃	2168425	1167	405	34.7
青海	604883	257	87	33.9
宁夏	1883253	541	199	36.8
新疆	4698360	1064	393	36.9

2-45 各地区私营建筑业企业主要经济效益指标

地区	产值利润率(%)	产值利税率(%)	资本利润率(%)	资本利税率(%)	人均利润(元/人)	人均利税(元/人)	资产负债率(%)
全国总计	**3.0**	**6.2**	**17.0**	**35.1**	**10016**	**20703**	**60.6**
北京	1.3	5.0	3.2	12.3	4615	17854	76.0
天津	1.0	4.6	3.4	15.0	2118	9354	67.4
河北	2.9	5.8	7.9	15.8	11235	22574	65.2
山西	1.7	4.7	6.4	17.7	6304	17569	61.9
内蒙古	1.3	5.4	3.4	14.4	5315	22381	73.5
辽宁	2.2	5.6	6.0	15.5	9154	23729	67.6
吉林	3.4	7.5	11.7	26.0	16034	35592	63.6
黑龙江	1.7	6.2	2.7	10.0	5162	19197	51.1
上海	1.9	5.1	7.4	19.6	8808	23272	68.4
江苏	3.5	6.8	25.4	49.2	10823	20936	52.8
浙江	1.8	4.3	12.5	29.4	6321	14813	64.3
安徽	2.4	5.0	16.6	35.0	8188	17266	60.4
福建	3.2	6.3	23.5	46.9	8615	17215	52.9
江西	3.1	5.6	19.8	35.3	13761	24619	49.5
山东	2.6	5.4	13.0	27.5	9721	20532	68.2
河南	5.2	9.2	23.7	42.3	17922	31989	53.5
湖北	4.5	8.6	27.6	52.9	19859	37988	46.8
湖南	3.0	6.9	24.9	57.0	10277	23474	52.2
广东	2.7	5.9	12.4	27.0	11081	24088	68.8
广西	1.5	3.4	11.3	24.8	5026	11054	62.3
海南	4.8	11.3	24.2	57.5	29144	69348	51.6
重庆	3.7	7.0	37.9	70.8	12035	22465	65.8
四川	2.7	5.7	18.0	37.5	8052	16821	60.1
贵州	4.5	8.1	24.4	44.3	16037	29140	75.5
云南	3.0	6.8	15.8	36.3	8079	18507	61.5
西藏	7.9	13.5	21.8	37.5	21717	37279	55.5
陕西	2.2	6.3	6.0	17.4	7432	21628	59.7
甘肃	2.9	7.0	6.9	17.0	8608	21197	57.6
青海	-0.1	3.8	-0.3	8.6	-475	13870	67.9
宁夏	1.8	5.3	5.4	16.0	4415	13081	66.2
新疆	1.7	4.9	8.1	22.9	6831	19389	67.9

2-46 各地区联营建筑业企业签订合同情况

单位：万元

地区	签订合同额	上年结转合同额	本年新签合同额
全国总计	**1123363**	**381877**	**741486**
北京			
天津	829	505	324
河北			
山西			
内蒙古			
辽宁	59496		59496
吉林			
黑龙江	270		270
上海	14038	2047	11991
江苏	160723	1750	158973
浙江	977	639	339
安徽			
福建			
江西	48030	21030	27000
山东	485367	191091	294276
河南			
湖北	79429	19640	59789
湖南			
广东	261445	136551	124894
广西			
海南			
重庆	3997	3997	
四川			
贵州			
云南	1303	106	1197
西藏			
陕西	7459	4522	2937
甘肃			
青海			
宁夏			
新疆			

2–47 各地区联营建筑业企业承包工程完成情况

单位：万元

地 区	直接从建设单位承揽工程完成的产值	自行完成施工产值	分包出去工程的产值	从建设单位以外承揽工程完成的产值
全国总计	**679673**	**669471**	**10203**	**10669**
北 京				
天 津	128	128		701
河 北				
山 西				
内 蒙 古				
辽 宁	48478	48478		
吉 林				
黑 龙 江	270	270		
上 海	8870	7605	1266	
江 苏	68580	68580		865
浙 江	943	943		
安 徽				
福 建				
江 西	34943	34943		
山 东	378012	378012		
河 南				
湖 北	21343	12676	8667	8667
湖 南				
广 东	113819	113819		
广 西				
海 南				
重 庆	374	213	161	
四 川				
贵 州				
云 南	976	867	109	436
西 藏				
陕 西	2937	2937		
甘 肃				
青 海				
宁 夏				
新 疆				

2–48 各地区联营企业建筑业总产值和竣工产值

单位：万元

地区	建筑业总产值	#装饰装修产值	#在外省完成的产值	按构成分组			竣工产值
				建筑工程产值	安装工程产值	其他产值	
全国总计	**680140**	**52171**	**147420**	**581996**	**68585**	**29559**	**394223**
北京							
天津	829	829	604	829			
河北							
山西							
内蒙古							
辽宁	48478		89	1478	47000		1478
吉林							
黑龙江	270					270	160
上海	7605	2965		7605			7605
江苏	69445	193	60490	66090	3234	121	21382
浙江	943			943			688
安徽							
福建							
江西	34943		8157	27204		7739	34943
山东	378012	1149	75367	378012			279972
河南							
湖北	21343			12867		8476	
湖南							
广东	113819	46035	2713	83285	17921	12613	47198
广西							
海南							
重庆	213			213			
四川							
贵州							
云南	1303			533	430	340	799
西藏							
陕西	2937	1000		2937			
甘肃							
青海							
宁夏							
新疆							

2-49 各地区联营建筑业企业房屋建筑面积

单位：万平方米、%

地区	房屋施工面积	#本年新开工	房屋竣工面积	房屋竣工率
全国总计	**444**	**168**	**92**	**20.6**
北京				
天津				
河北				
山西				
内蒙古				
辽宁				
吉林				
黑龙江				
上海	3	2	3	100.0
江苏	87	85	8	9.1
浙江	2		1	63.8
安徽				
福建				
江西	33	1	27	81.9
山东	266	33	9	3.5
河南				
湖北				
湖南				
广东	51	45	43	84.2
广西				
海南				
重庆				
四川				
贵州				
云南				92.1
西藏				
陕西	2	2		
甘肃				
青海				
宁夏				
新疆				

2–50 各地区按主要用途分的联营建筑业企业房屋竣工面积

单位：万平方米

地区	总计	住宅房屋	商业及服务用房屋	办公用房屋	科研、教育和医疗用房屋
全国总计	**92**	**69**	**3**	**3**	**1**
北京					
天津					
河北					
山西					
内蒙古					
辽宁					
吉林					
黑龙江					
上海	3			3	
江苏	8	8			
浙江	1				
安徽					
福建					
江西	27	18			
山东	9	5	3		1
河南					
湖北					
湖南					
广东	43	38			
广西					
海南					
重庆					
四川					
贵州					
云南					
西藏					
陕西					
甘肃					
青海					
宁夏					
新疆					

2-50 续表1

单位：万平方米

地区	文化、体育和娱乐用房屋	厂房及建筑物	仓库	其他未列明的房屋建筑物
全国总计		**12**		**3**
北京				
天津				
河北				
山西				
内蒙古				
辽宁				
吉林				
黑龙江				
上海				
江苏				
浙江				1
安徽				
福建				
江西		8		
山东		1		
河南				
湖北				
湖南				
广东		3		2
广西				
海南				
重庆				
四川				
贵州				
云南				
西藏				
陕西				
甘肃				
青海				
宁夏				
新疆				

2-51 各地区按主要用途分的联营建筑业企业房屋竣工价值

单位：万元

地　区	总计	住宅房屋	商业及服务用房屋	办公用房屋	科研、教育和医疗用房屋
全国总计	**154202**	**103503**	**21592**	**7605**	**4275**
北　京					
天　津					
河　北					
山　西					
内蒙古					
辽　宁					
吉　林					
黑龙江					
上　海	7605			7605	
江　苏	13099	12930			
浙　江	688	256			
安　徽					
福　建					
江　西	27204	18465			
山　东	57609	30319	21592		4275
河　南					
湖　北					
湖　南					
广　东	47198	41534			
广　西					
海　南					
重　庆					
四　川					
贵　州					
云　南	799				
西　藏					
陕　西					
甘　肃					
青　海					
宁　夏					
新　疆					

2-51 续表1

单位：万元

地区	文化、体育和娱乐用房屋	厂房及建筑物	仓库	其他未列明的房屋建筑物
全国总计		**12895**		**4332**
北京				
天津				
河北				
山西				
内蒙古				
辽宁				
吉林				
黑龙江				
上海				
江苏		169		
浙江				432
安徽				
福建				
江西		7527		1213
山东		1424		
河南				
湖北				
湖南				
广东		3776		1888
广西				
海南				
重庆				
四川				
贵州				
云南				799
西藏				
陕西				
甘肃				
青海				
宁夏				
新疆				

2-52 各地区联营建筑业企业主要生产效益指标

地 区	建筑业企业个数(个)	从事建筑业活动的平均人数(人)	按总产值计算的劳动生产率(元/人)	人均竣工产值(元/人)	人均施工面积(平方米/人)	人均竣工面积(平方米/人)
全国总计	**19**	**12653**	**537532**	**311565**	**351.1**	**72.4**
北京						
天津	1	62	133694			
河北						
山西						
内蒙古						
辽宁	2	215	2254767	68721		
吉林						
黑龙江	1	60	45000	26667		
上海	1	265	286966	286966	120.2	120.2
江苏	3	1327	523324	161133	655.2	59.8
浙江	1	78	120949	88192	249.6	159.1
安徽						
福建						
江西	1	536	651920	651920	614.4	503.4
山东	1	6236	606177	448960	427.2	15.0
河南						
湖北	1	1279	166869			
湖南						
广东	4	2275	500304	207462	223.2	187.9
广西						
海南						
重庆	1	25	85360			
四川						
贵州						
云南	1	185	70432	43189	6.8	6.3
西藏						
陕西	1	110	267027		176.5	
甘肃						
青海						
宁夏						
新疆						

2—53 各地区联营建筑业企业资产构成

单位：万元

地区	资产总计	#流动资产合计	#存货
全国总计	**423513**	**357524**	**76047**
北京			
天津	1241	734	
河北			
山西			
内蒙古			
辽宁	15238	14404	
吉林			
黑龙江	848	848	39
上海	14349	13332	1375
江苏	16245	8958	1284
浙江	889	713	456
安徽			
福建			
江西	8986	7850	5819
山东	183267	159635	49326
河南			
湖北	107896	92561	8318
湖南			
广东	52700	46673	6996
广西			
海南			
重庆	8701	3939	212
四川			
贵州			
云南	2869	1356	411
西藏			
陕西	10285	6523	1811
甘肃			
青海			
宁夏			
新疆			

2-54 各地区联营建筑业企业固定资产情况

单位：万元

地区	固定资产原价	累计折旧	#本年折旧	在建工程
全国总计	**84790**	**35007**	**1705**	**12100**
北京				
天津	608	102	6	
河北				
山西				
内蒙古				
辽宁	1105	271	15	
吉林				
黑龙江				
上海	1260	243	7	
江苏	7185	14	12	10560
浙江	314	310	6	943
安徽				
福建				
江西	2031	1923	123	
山东	31428	13325	1263	
河南				
湖北	25587	13556	176	597
湖南				
广东	4278	1694	79	
广西				
海南				
重庆	4921	1591	9	
四川				
贵州				
云南	387	54	9	
西藏				
陕西	5686	1924		
甘肃				
青海				
宁夏				
新疆				

2-55 各地区联营建筑业企业负债及所有者权益

单位：万元

地 区	负债合计	#流动负债	#应付账款	所有者权益	#实收资本
全国总计	**296961**	**294913**	**90466**	**126552**	**47222**
北 京					
天 津	920	920	590	321	321
河 北					
山 西					
内 蒙 古					
辽 宁	14113	14113	12462	1124	320
吉 林					
黑 龙 江	22	22	9	825	800
上 海	5679	5679	4147	8670	
江 苏	5905	5905	3069	10340	5886
浙 江	274	136	136	615	611
安 徽					
福 建					
江 西	2959	2959	2910	6026	5003
山 东	135672	134427	13142	47596	12432
河 南					
湖 北	83390	83390	32834	24507	6038
湖 南					
广 东	42296	41801	20103	10405	3652
广 西					
海 南					
重 庆	3906	3906		4795	5180
四 川					
贵 州					
云 南	519	349	210	2350	780
西 藏					
陕 西	1306	1306	856	8979	6200
甘 肃					
青 海					
宁 夏					
新 疆					

2-56 各地区联营建筑业企业收入情况

单位：万元

地区	主营业务收入	主营业务成本	主营业务税金及附加	其他业务收入	其他业务利润
全国总计	**588911**	**550511**	**3494**	**2155**	
北京					
天津	763	618	2	8	
河北					
山西					
内蒙古					
辽宁	48514	46950	275		
吉林					
黑龙江	385	369			
上海	17736	17301	40		
江苏	52553	46676	823		
浙江	1019	904	4		
安徽					
福建					
江西	34943	34175	54		
山东	223254	208359	893		
河南					
湖北	90900	82302	606		
湖南					
广东	90099	85611	536	1745	
广西					
海南					
重庆	363	326	1		
四川					
贵州					
云南	2891	2235	110	208	
西藏					
陕西	25492	24684	152	194	
甘肃					
青海					
宁夏					
新疆					

2-57 各地区联营建筑业企业费用情况

单位：万元

地区	管理费用	销售费用	研发费用	财务费用	#利息收入	#利息支出
全国总计	**19917**	**1272**	**4977**	**372**	**363**	**328**
北京						
天津	93	38				
河北						
山西						
内蒙古						
辽宁	357			3	2	
吉林						
黑龙江						
上海	292			-8		
江苏	1530			554		290
浙江	92			38		38
安徽						
福建						
江西	263			2	1	
山东	6942		4932	95		
河南						
湖北	7267	762		-267	279	
湖南						
广东	2473	80	44	-37	84	
广西						
海南						
重庆	127			-3	-3	
四川						
贵州						
云南	9	8		1		
西藏						
陕西	471	385		-6		
甘肃						
青海						
宁夏						
新疆						

2−58 各地区联营建筑业企业利润及税金情况

单位：万元

地区	利润总额	#所得税费用	税金总额	主营业务税金及附加	应交增值税
全国总计	**13227**	**4150**	**23344**	**3494**	**19850**
北京					
天津	21	1	69	2	67
河北					
山西					
内蒙古					
辽宁	936	978	2997	275	2723
吉林					
黑龙江	16	1			
上海	116	29	544	40	504
江苏	2946	162	3274	823	2451
浙江	19	6	47	4	44
安徽					
福建					
江西	487	123	462	54	409
山东	6958	1764	7285	893	6391
河南					
湖北	111	75	3922	606	3317
湖南					
广东	1489	972	4291	536	3755
广西					
海南					
重庆	-89		12	1	11
四川					
贵州					
云南	27	10	194	110	84
西藏					
陕西	191	31	247	152	95
甘肃					
青海					
宁夏					
新疆					

2-59 各地区联营建筑业企业应收工程款及企业亏损情况

地区	应收工程款(万元)	企业个数(个)	#亏损企业个数	亏损企业的比重(%)
全国总计	**124150**	**19**	**3**	**15.8**
北京				
天津	617	1		
河北				
山西				
内蒙古				
辽宁	11294	2	1	50.0
吉林				
黑龙江	57	1		
上海	4973	1		
江苏	5933	3		
浙江	257	1		
安徽				
福建				
江西	672	1		
山东	71533	1		
河南				
湖北	24530	1		
湖南				
广东	1483	4	1	25.0
广西				
海南				
重庆	211	1	1	100.0
四川				
贵州				
云南	945	1		
西藏				
陕西	1646	1		
甘肃				
青海				
宁夏				
新疆				

2-60 各地区联营建筑业企业主要经济效益指标

地　区	产值利润率 (%)	产值利税率 (%)	资本利润率 (%)	资本利税率 (%)	人均利润 (元/人)	人均利税 (元/人)	资产负债率 (%)
全国总计	**1.9**	**5.4**	**28.0**	**77.4**	**10453**	**28903**	**70.1**
北　京							
天　津	2.5	10.8	6.5	27.9	3355	14435	74.1
河　北							
山　西							
内蒙古							
辽　宁	1.9	8.1	292.5	1229.2	43540	182953	92.6
吉　林							
黑龙江	5.8	5.9	2.0	2.0	2600	2633	2.6
上　海	1.5	8.7			4389	24906	39.6
江　苏	4.2	9.0	50.0	105.7	22199	46873	36.4
浙　江	2.0	7.0	3.1	10.8	2410	8474	30.8
安　徽							
福　建							
江　西	1.4	2.7	9.7	19.0	9076	17698	32.9
山　东	1.8	3.8	56.0	114.6	11158	22840	74.0
河　南							
湖　北	0.5	18.9	1.8	66.8	866	31532	77.3
湖　南							
广　东	1.3	5.1	40.8	158.3	6544	25406	80.3
广　西							
海　南							
重　庆	-41.8	-36.1	-1.7	-1.5	-35720	-30840	44.9
四　川							
贵　州							
云　南	2.1	16.9	3.5	28.3	1465	11924	18.1
西　藏							
陕　西	6.5	14.9	3.1	7.1	17355	39818	12.7
甘　肃							
青　海							
宁　夏							
新　疆							

2-61 各地区股份制建筑业企业签订合同情况

单位：万元

地区	签订合同额	上年结转合同额	本年新签合同额
全国总计	**2832183651**	**1364677076**	**1467506575**
北京	297298708	161345101	135953607
天津	99312305	49578848	49733457
河北	67883698	28481734	39401964
山西	74314345	32002216	42312129
内蒙古	8497290	4039989	4457302
辽宁	38272593	15447574	22825018
吉林	19884797	8572748	11312049
黑龙江	10857775	5010604	5847171
上海	163513112	95294535	68218577
江苏	206225758	93096179	113129580
浙江	155837527	79585282	76252245
安徽	108549584	45572384	62977200
福建	61410435	35586483	25823952
江西	62138076	25881087	36256990
山东	153897567	63537931	90359636
河南	145404111	59917791	85486320
湖北	199963972	92959564	107004409
湖南	130998187	63991893	67006294
广东	246994892	134021004	112973888
广西	46564995	22520220	24044775
海南	7751771	3966087	3785684
重庆	52897471	25919087	26978383
四川	142933727	69648285	73285441
贵州	66655520	33711666	32943854
云南	83262743	40755536	42507207
西藏	2944383	1313627	1630756
陕西	126297185	52196370	74100815
甘肃	17212483	7650042	9562441
青海	2828438	2149596	678842
宁夏	1665439	354705	1310734
新疆	29914766	10568911	19345854

2-62 各地区股份制建筑业企业承包工程完成情况

单位：万元

地 区	直接从建设单位承揽工程完成的产值			从建设单位以外承揽工程完成的产值
		自行完成施工产值	分包出去工程的产值	
全国总计	**1060889101**	**995111406**	**65777695**	**64210674**
北 京	99969957	76883696	23086262	14069478
天 津	27690677	26172481	1518196	2047470
河 北	24531727	23712928	818800	1775562
山 西	24749272	24655161	94111	402355
内蒙古	4086661	4045945	40717	30995
辽 宁	14051801	13929412	122389	2011227
吉 林	7833802	7726705	107097	311998
黑龙江	5157381	5140148	17233	204035
上 海	43978822	29558717	14420105	6924519
江 苏	107720459	106896450	824009	4982376
浙 江	63909521	61020477	2889045	4757052
安 徽	39780118	39094106	686012	1147660
福 建	20126946	20067232	59714	731828
江 西	31343437	30714684	628754	1191984
山 东	71456061	70527193	928868	1596320
河 南	56797733	56423710	374023	1444233
湖 北	69543562	69202920	340642	712370
湖 南	45611332	45377141	234191	1664642
广 东	87199427	75394224	11805203	4793069
广 西	21081548	20914892	166656	1131907
海 南	2479261	2459919	19342	16678
重 庆	21404927	20671796	733131	1073729
四 川	47882826	47171873	710952	4151754
贵 州	19276147	19201987	74159	302700
云 南	31288545	30729124	559420	1468568
西 藏	1092680	1090912	1769	4155
陕 西	48053383	43760067	4293316	4946192
甘 肃	8486613	8297994	188619	120769
青 海	983820	983520	301	7871
宁 夏	969054	959680	9375	12169
新 疆	12351601	12326314	25287	175010

2-63 各地区股份制企业建筑业总产值和竣工产值

单位：万元

地　区	建筑业总产值	#装饰装修产　值	#在外省完成的产值	按构成分组			竣工产值
				建筑工程产值	安装工程产值	其他产值	
全国总计	**1059322080**	**37296010**	**452796012**	**937875966**	**87922185**	**33523929**	**442723184**
北　京	90953174	5767391	73427261	86286164	3818142	848867	32407695
天　津	28219951	1210761	20377116	26339905	1487123	392924	8513878
河　北	25488489	740161	10756279	18080257	4905049	2503184	9913632
山　西	25057515	423938	11896554	21553461	2668874	835180	7901377
内蒙古	4076940	88750	154367	3577809	150463	348669	1917317
辽　宁	15940639	257304	7534316	13145845	2223779	571015	8695288
吉　林	8038703	241584	1808562	6405765	1070568	562369	4134919
黑龙江	5344183	52429	1263563	4731167	478013	135003	1668510
上　海	36483236	3465962	22040279	31624207	3384234	1474795	21223491
江　苏	111878825	3209077	66280617	102369730	7979973	1529122	78316456
浙　江	65777529	4399214	27071293	56116021	8751519	909989	34874756
安　徽	40241766	534504	12232573	34479405	2872138	2890223	12347205
福　建	20799060	253870	6993259	19308065	1375787	115208	7074805
江　西	31906668	772712	11519181	28071074	2497168	1338427	12125436
山　东	72123513	3615710	19035812	62674020	8285894	1163599	29770661
河　南	57867943	1156528	19070652	52082981	3894551	1890411	22684917
湖　北	69915290	1633254	34375333	61944326	5532493	2438470	22261794
湖　南	47041783	983241	22514682	42317254	2407956	2316573	20770663
广　东	80187294	4097166	20883899	70678805	7285445	2223044	24677931
广　西	22046799	233627	4203405	19124174	1731891	1190734	11302201
海　南	2476597	111330	77374	2044882	285848	145867	1201675
重　庆	21745526	463963	8278143	19711630	1565746	468150	8199970
四　川	51323627	1407930	13042801	44625506	4488705	2209416	19956728
贵　州	19504688	372402	8535838	16274426	2051613	1178648	8027538
云　南	32197692	193495	3593816	29553124	1349155	1295413	6991315
西　藏	1095067	738	61753	1081549	11151	2367	250993
陕　西	48706258	1345253	21422575	43430858	3459657	1815743	17252915
甘　肃	8418763	68860	1371115	7264319	815889	338556	3232437
青　海	991391	685	269977	809102	115114	67175	184917
宁　夏	971849	12913	57658	798038	159791	14020	560133
新　疆	12501323	181259	2645957	11372097	818459	310767	4281634

2-64 各地区股份制建筑业企业房屋建筑面积

单位：万平方米、%

地区	房屋施工面积	#本年新开工	房屋竣工面积	房屋竣工率
全国总计	**634299**	**192670**	**131465**	**20.7**
北京	63277	16247	6415	10.1
天津	10866	2646	1655	15.2
河北	13858	4090	2688	19.4
山西	10892	3249	2420	22.2
内蒙古	2039	791	640	31.4
辽宁	7453	1828	1234	16.6
吉林	3562	1495	1226	34.4
黑龙江	1315	600	349	26.5
上海	27960	7189	4787	17.1
江苏	87895	28825	23610	26.9
浙江	67168	16326	12329	18.4
安徽	21660	7028	5205	24.0
福建	14998	4068	1926	12.8
江西	13055	6023	4374	33.5
山东	43665	15636	9858	22.6
河南	35110	9321	6727	19.2
湖北	37560	12539	8874	23.6
湖南	32383	11093	7328	22.6
广东	32022	10173	7623	23.8
广西	15364	3501	3511	22.9
海南	1329	319	146	11.0
重庆	10739	3550	2304	21.5
四川	25110	8366	5775	23.0
贵州	9366	3572	1932	20.6
云南	8863	2783	1853	20.9
西藏	166	81	49	29.6
陕西	25983	6964	4154	16.0
甘肃	4969	1705	1136	22.9
青海	75	42	36	48.5
宁夏	357	182	177	49.6
新疆	5241	2439	1126	21.5

2–65 各地区按主要用途分的股份制建筑业企业房屋竣工面积

单位：万平方米

地区	总计	住宅房屋	商业及服务用房屋	办公用房屋	科研、教育和医疗用房屋
全国总计	**131465**	**92741**	**8860**	**5268**	**7453**
北京	6415	3945	1109	325	318
天津	1655	1132	81	58	67
河北	2688	1900	208	82	121
山西	2420	1245	233	105	270
内蒙古	640	502	17	37	34
辽宁	1234	851	129	34	20
吉林	1226	965	33	56	52
黑龙江	349	264	13	5	14
上海	4787	3240	451	194	200
江苏	23610	18377	1010	771	908
浙江	12329	8391	842	785	586
安徽	5205	3691	265	121	141
福建	1926	1584	93	12	67
江西	4374	2501	417	170	321
山东	9858	6786	582	507	832
河南	6727	4717	690	293	402
湖北	8874	6439	577	398	584
湖南	7328	4977	538	374	419
广东	7623	5741	259	230	252
广西	3511	2307	169	148	457
海南	146	97	28	3	11
重庆	2304	1765	120	43	170
四川	5775	4146	403	138	336
贵州	1932	1390	145	75	176
云南	1853	1435	150	48	95
西藏	49	43	2	2	2
陕西	4154	2691	166	146	419
甘肃	1136	761	45	30	96
青海	36	23	1	5	6
宁夏	177	69	21	5	6
新疆	1126	766	62	71	74

2-65 续表1

单位：万平方米

地　区	文化、体育和娱乐用房屋	厂房及建筑物	仓　库	其他未列明的房屋建筑物
全国总计	**1348**	**11529**	**795**	**3471**
北　京	108	417	25	168
天　津	16	147	21	133
河　北	28	263	10	76
山　西	98	152	17	301
内蒙古	12	29	2	8
辽　宁		168	2	31
吉　林	1	100	2	17
黑龙江		48	1	4
上　海	124	474	27	77
江　苏	210	1947	132	256
浙　江	127	1210	145	243
安　徽	7	758	16	206
福　建	10	154		6
江　西	41	863	28	33
山　东	151	673	43	285
河　南	49	419	36	120
湖　北	64	645	52	115
湖　南	82	654	108	176
广　东	37	541	42	520
广　西	31	245	18	136
海　南		1		6
重　庆	7	159	5	35
四　川	46	584	32	91
贵　州	11	99	6	30
云　南	10	83	4	29
西　藏				
陕　西	65	481	7	179
甘　肃	5	71	9	119
青　海				1
宁　夏	3	48	1	25
新　疆	6	97	4	46

2–66 各地区按主要用途分的股份制建筑业企业房屋竣工价值

单位：万元

地区	总计	住宅房屋	商业及服务用房屋	办公用房屋	科研、教育和医疗用房屋
全国总计	**271148824**	**180262316**	**18921562**	**13370395**	**19807188**
北京	17202775	9986875	2936165	1363026	1021893
天津	3866791	2538003	167534	138798	262562
河北	4526579	3049179	275869	173932	206485
山西	3437347	1854391	109895	164927	362407
内蒙古	1137642	770884	42490	78541	109297
辽宁	1895046	1254703	255839	61533	46107
吉林	1860683	1319307	61515	100111	140257
黑龙江	569408	417079	26365	9829	41035
上海	11435739	6864482	1076673	587186	768787
江苏	58242166	44186225	2100041	2636539	2621671
浙江	24526828	15809444	2011226	1870157	1607511
安徽	7827682	5725767	367303	180633	244008
福建	4191873	3340961	256994	37407	122095
江西	7507917	3920181	655490	269516	849840
山东	20278789	12833443	1276754	1103435	1985228
河南	13195735	8441985	2074514	624598	779347
湖北	16260906	10960215	793354	1173071	1305938
湖南	13032084	8010830	822320	728834	1135853
广东	13701811	9992203	691494	461026	687634
广西	7875259	4614613	485054	360671	1232754
海南	411630	247255	96412	4233	29644
重庆	4538498	3180451	306190	108865	542709
四川	10671519	7353364	604793	202306	1020823
贵州	4503981	2985833	269183	150932	458006
云南	3804825	2696577	492585	94859	236831
西藏	126717	109729	4452	6162	5688
陕西	10005862	5052615	422066	445367	1566657
甘肃	2149838	1377139	89971	74052	204330
青海	91720	56426	1353	13515	14883
宁夏	346725	106242	38980	11405	12122
新疆	1924450	1205916	108693	134932	184788

2-66 续表1

单位：万元

地　区	文化、体育和娱乐用房屋	厂房及建筑物	仓　库	其他未列明的房屋建筑物
全国总计	**4449235**	**23053802**	**1679836**	**9604491**
北　京	340653	919691	51672	582800
天　津	26666	358395	72896	301938
河　北	82123	487435	16501	235054
山　西	166541	470734	17210	291242
内蒙古	57116	57937	3199	18179
辽　宁		224990	2912	48962
吉　林	1841	208250	3279	26124
黑龙江	109	63050	2484	9457
上　海	341071	1277444	68563	451532
江　苏	753127	4667298	324935	952332
浙　江	324255	1944420	207715	752100
安　徽	21567	853194	28055	407156
福　建	44709	382251		7456
江　西	76086	1592577	100207	44018
山　东	674941	1658241	66685	680063
河　南	185379	680778	33208	375926
湖　北	227081	845614	37736	917897
湖　南	194889	1373678	311700	453981
广　东	102250	990350	103557	673296
广　西	157217	400352	41636	582963
海　南	1204	5174		27708
重　庆	15352	286683	16811	81440
四　川	106151	1169029	41221	173833
贵　州	21401	413834	25580	179212
云　南	37994	183687	6580	55712
西　藏	76	18		594
陕　西	450873	1089146	12211	966928
甘　肃	8839	153178	66605	175726
青　海	225	57	79	5182
宁　夏	8317	135719	3484	30457
新　疆	21183	160599	13118	95221

2-67 各地区股份制建筑业企业主要生产效益指标

地区	建筑业企业个数(个)	从事建筑业活动的平均人数(人)	按总产值计算的劳动生产率(元/人)	人均竣工产值(元/人)	人均施工面积(平方米/人)	人均竣工面积(平方米/人)
全国总计	**18764**	**20386521**	**519619**	**217165**	**311.1**	**64.5**
北京	843	1453483	625760	222966	435.3	44.1
天津	534	700054	403111	121617	155.2	23.6
河北	522	310470	820965	319310	446.3	86.6
山西	340	579248	432587	136407	188.0	41.8
内蒙古	361	98976	411912	193715	206.0	64.7
辽宁	778	268636	593392	323683	277.4	45.9
吉林	545	130636	615351	316522	272.6	93.8
黑龙江	574	144998	368569	115071	90.7	24.1
上海	487	485104	752070	437504	576.4	98.7
江苏	895	2234652	500654	350464	393.3	105.7
浙江	540	1694016	388293	205870	396.5	72.8
安徽	1307	712781	564574	173226	303.9	73.0
福建	183	584908	355595	120956	256.4	32.9
江西	716	557776	572034	217389	234.1	78.4
山东	1641	1336064	539821	222824	326.8	73.8
河南	1222	1114851	519064	203479	314.9	60.3
湖北	1011	775197	901904	287176	484.5	114.5
湖南	621	1103062	426465	188300	293.6	66.4
广东	1304	1337734	599426	184476	239.4	57.0
广西	209	486797	452895	232175	315.6	72.1
海南	149	52817	468901	227517	251.7	27.7
重庆	352	442688	491216	185231	242.6	52.0
四川	1171	1209320	424401	165024	207.6	47.8
贵州	296	425761	458114	188546	220.0	45.4
云南	512	763782	421556	91535	116.0	24.3
西藏	71	11811	927158	212508	140.2	41.4
陕西	585	798292	610131	216123	325.5	52.0
甘肃	506	206214	408254	156752	241.0	55.1
青海	88	24154	410446	76558	31.0	15.0
宁夏	61	23988	405140	233505	148.7	73.7
新疆	340	318251	392813	134536	164.7	35.4

2-68 各地区股份制建筑业企业资产构成

单位：万元

地 区	资产总计	#流动资产合计	#存货
全国总计	**1345276795**	**1011269171**	**137148937**
北 京	242433519	136108088	8957601
天 津	47865965	38464022	3205462
河 北	31334851	26780677	4746025
山 西	42088623	32302463	2601776
内蒙古	8429324	6551556	909685
辽 宁	25283475	21558187	2283919
吉 林	12178443	10417751	831698
黑龙江	9660081	8115528	1012346
上 海	60224832	50637509	6988738
江 苏	77495701	64958346	12069785
浙 江	57861983	48200764	8859952
安 徽	44524636	34439101	3824961
福 建	17891200	14561021	3187042
江 西	26032651	22143713	4981996
山 东	76864923	63719581	12298183
河 南	55151522	43454432	6836941
湖 北	55609526	45570749	5819941
湖 南	39846039	28586636	3414358
广 东	121039877	91066238	10801766
广 西	16519342	14608348	2707529
海 南	3515135	3028222	239198
重 庆	25683790	20294396	4160620
四 川	60734646	46633202	8190611
贵 州	33866493	29504235	4514233
云 南	57915329	32214708	4503461
西 藏	2831205	2063478	141475
陕 西	56460125	46949927	5079721
甘 肃	12050366	9600717	1986351
青 海	1932714	1564521	150826
宁 夏	1201999	1084979	218767
新 疆	20748482	16086079	1623968

2-69 各地区股份制建筑业企业固定资产情况

单位：万元

地 区	固定资产原价	累计折旧	#本年折旧	在建工程
全国总计	**81547373**	**41138843**	**5527510**	**12039174**
北 京	6332542	3508594	530951	460244
天 津	3334380	1762998	231402	227306
河 北	3755204	2217654	140214	450843
山 西	2811607	1724697	265150	699240
内 蒙 古	871367	436901	63839	103598
辽 宁	2533657	1546368	134379	125808
吉 林	1062440	569072	53813	145317
黑 龙 江	939305	487285	62588	22162
上 海	3360605	1999865	249791	222267
江 苏	5734940	2661455	477761	823432
浙 江	3872476	1823673	236594	290977
安 徽	2881395	1278669	155291	233653
福 建	962353	377040	57369	71958
江 西	1641726	723137	95725	317771
山 东	6266855	3043978	437193	587790
河 南	5269967	2643379	413214	1245206
湖 北	5244139	2857482	426045	1362006
湖 南	3511122	1525493	236478	762092
广 东	4405820	2282517	301723	1047473
广 西	657175	305552	65317	121799
海 南	102816	52394	6024	21806
重 庆	1764939	834682	92503	343835
四 川	4346220	2035023	235468	874241
贵 州	747003	373100	42498	441217
云 南	2238046	941894	125188	111181
西 藏	93409	42648	7373	18036
陕 西	3250974	1737642	215208	279797
甘 肃	1685682	517640	70812	197280
青 海	185152	100309	7853	42273
宁 夏	112930	61332	7141	15144
新 疆	1571130	666374	82606	373422

2-70 各地区股份制建筑业企业负债及所有者权益

单位：万元

地区	负债合计	#流动负债	#应付账款	所有者权益	#实收资本
全国总计	**984082298**	**885665821**	**365761248**	**361194498**	**161984743**
北京	154890006	135319081	49425845	87543513	25012722
天津	39371089	36553461	15306773	8494876	5262910
河北	23768790	21280772	9575360	7566061	4088697
山西	32982496	30124518	13210963	9106127	5075571
内蒙古	5411475	5066371	2065948	3017849	1531962
辽宁	19796709	18863865	6825535	5486766	2964879
吉林	9093987	8605751	3038013	3084457	1911921
黑龙江	7163111	6742531	2775700	2496970	1826577
上海	49031862	47467986	23859619	11192970	6221694
江苏	51988418	48414919	18678824	25507282	7300875
浙江	42157437	40406730	16866220	15704547	6157211
安徽	32110167	28477745	11008957	12414470	6068366
福建	13304632	11681937	5133565	4586567	2130078
江西	18958444	17286892	7278688	7074207	4333681
山东	59700173	55394460	22253029	17164750	8476383
河南	39723317	36659138	13878767	15428205	7601574
湖北	40808084	36647130	17411308	14801442	6985139
湖南	28864458	24803859	11286655	10981581	4983916
广东	94305409	82540978	29113945	26734468	12540772
广西	13619189	12683889	6169543	2900152	1717386
海南	1992594	1915025	668723	1522542	982089
重庆	19548538	17105262	7295018	6135252	2722575
四川	45596713	39067612	17241536	15137933	8377449
贵州	26351911	23310849	11531470	7514582	2359266
云南	37595930	29286767	11051772	20319398	14378207
西藏	2106329	1610478	494380	724877	333980
陕西	46474968	43763888	22554986	9985157	5888721
甘肃	8679220	8008583	3436443	3371146	1704112
青海	1180708	1036917	432563	752006	554018
宁夏	905060	886696	452271	296939	210474
新疆	16601074	14651733	5438829	4147408	2281540

2–71 各地区股份制建筑业企业收入情况

单位：万元

地区	主营业务收入	主营业务成本	主营业务税金及附加	其他业务收入	其他业务利润
全国总计	**1014592141**	**938589433**	**4598624**	**11434525**	**1111174**
北京	116346558	108792189	271532	672963	240904
天津	26880327	24722128	54246	423920	26285
河北	23748465	21900473	113134	593242	39699
山西	27919367	25855959	74055	201237	34339
内蒙古	4605954	4175577	27965	104893	22208
辽宁	14551370	13442709	59587	560049	18505
吉林	7248857	6513581	44418	80546	8440
黑龙江	5362082	5008815	32784	170525	-488
上海	48782208	45466161	103209	195945	41989
江苏	99756531	91763421	441476	876896	67329
浙江	58863886	54413032	206327	470526	66283
安徽	33431009	30434702	171780	578841	49897
福建	17669902	16492146	69189	262583	39139
江西	25257578	23465656	196564	418337	10689
山东	66386963	60910691	391370	425024	67138
河南	51859924	47157716	452748	783784	62724
湖北	57882700	53352655	313097	578956	33711
湖南	42415551	39039788	390854	311464	24534
广东	86262890	79722782	284779	594862	68259
广西	15912081	14915170	59254	53967	5017
海南	2686460	2516900	15415	47280	1202
重庆	18239480	16975439	95807	361429	25141
四川	46304701	42475061	265776	501109	36691
贵州	20123539	19188052	41669	177005	11764
云南	27453029	25019013	134814	643795	32945
西藏	1042481	944152	4217	16725	376
陕西	45169519	42464738	174004	356288	44087
甘肃	7907184	7827046	53764	785142	11147
青海	1001503	907882	3538	90033	2642
宁夏	1109396	1043213	4595	13838	1159
新疆	12410651	11682591	46660	83324	17420

2-72 各地区股份制建筑业企业费用情况

单位：万元

地 区	管理费用	销售费用	研发费用	财务费用	#利息收入	#利息支出
全国总计	**25563573**	**1844220**	**13960239**	**6908707**	**3380798**	**8132246**
北 京	2759539	171076	2033188	739347	1126106	1760708
天 津	725325	67900	639676	321760	171860	376826
河 北	748650	65437	346559	187116	27095	145312
山 西	857902	14969	783188	139393	167410	255006
内 蒙 古	192146	4759	20025	48485	2251	42421
辽 宁	546972	22590	195496	161219	29348	134131
吉 林	272951	6081	48914	59513	474	33368
黑 龙 江	310394	11681	39619	49469	15812	50607
上 海	1045943	99603	1223664	109736	131866	194369
江 苏	1999648	127174	626346	498199	162800	495185
浙 江	1338808	87603	483025	251414	108003	317077
安 徽	1031328	131533	451727	284718	115669	253180
福 建	388294	15110	196182	101226	22083	66629
江 西	627816	41102	240003	138166	10481	102285
山 东	1903820	84831	906930	525670	97765	429473
河 南	1365090	126180	667751	405795	117300	264406
湖 北	1662714	212367	849685	209066	97270	230537
湖 南	1073290	77361	806014	254921	90983	244087
广 东	1927415	150605	1324457	737897	260503	864057
广 西	392137	12004	174232	129826	22316	131600
海 南	69024	4195	1193	9808	26	8496
重 庆	433916	31041	204968	145972	59367	140607
四 川	1341758	110628	623606	343955	179438	400343
贵 州	357591	13692	146133	117305	59575	141106
云 南	559196	31208	208240	486169	78889	505793
西 藏	39114	3900	4128	15625	13459	27509
陕 西	866903	80005	548080	164781	169948	262269
甘 肃	330054	26413	46355	99365	15596	72906
青 海	45684	233	5542	8478	-1398	8844
宁 夏	34478	3057	2067	4028	137	2632
新 疆	315676	9884	113248	160286	28368	170478

2-73　各地区股份制建筑业企业利润及税金情况

单位：万元

地　区	利润总额	#所得税费用	税金总额	主营业务税金及附加	应交增值税
全国总计	**36044624**	**5774922**	**23009807**	**4598624**	**18411183**
北　京	8780410	459741	1729109	271532	1457578
天　津	400651	87498	395778	54246	341532
河　北	555810	124722	601702	113134	488569
山　西	752922	62804	469409	74055	395354
内蒙古	173203	38630	165003	27965	137037
辽　宁	138374	59710	336716	59587	277129
吉　林	266529	77703	244586	44418	200169
黑龙江	121803	31744	177314	32784	144530
上　海	915990	109325	681851	103209	578642
江　苏	4577404	1087180	2640291	441476	2198815
浙　江	1670016	383935	1474581	206327	1268254
安　徽	1210903	188109	808859	171780	637079
福　建	504501	110715	283541	69189	214352
江　西	746202	179637	735973	196564	539410
山　东	1953409	366471	1565340	391370	1173970
河　南	1893348	328284	1576656	452748	1123908
湖　北	1866759	347096	1390744	313097	1077647
湖　南	1278712	202027	1235084	390854	844230
广　东	2473300	536427	1756407	284779	1471628
广　西	270794	56795	416498	59254	357244
海　南	93120	45850	125186	15415	109771
重　庆	556308	90626	475316	95807	379509
四　川	1486482	250691	1188141	265776	922365
贵　州	444210	54855	288389	41669	246719
云　南	1209050	219381	798916	134814	664102
西　藏	50227	4568	27387	4217	23171
陕　西	1157718	149478	778545	174004	604541
甘　肃	238890	49580	277719	53764	223955
青　海	40247	6831	26042	3538	22504
宁　夏	23506	5355	34045	4595	29450
新　疆	193827	59156	304681	46660	258020

2-74 各地区股份制建筑业企业应收工程款及企业亏损情况

地区	应收工程款(万元)	企业个数(个)	#亏损企业个数	亏损企业的比重(%)
全国总计	**276712311**	**18764**	**3498**	**18.6**
北京	28486011	843	226	26.8
天津	9625409	534	137	25.7
河北	7585820	522	102	19.5
山西	10285572	340	53	15.6
内蒙古	2812960	361	83	23.0
辽宁	6379955	778	228	29.3
吉林	4605349	545	115	21.1
黑龙江	2582682	574	134	23.3
上海	12145505	487	89	18.3
江苏	17076491	895	69	7.7
浙江	12169652	540	78	14.4
安徽	10285618	1307	211	16.1
福建	3098766	183	28	15.3
江西	5962518	716	69	9.6
山东	20366236	1641	381	23.2
河南	10329863	1222	159	13.0
湖北	14972620	1011	172	17.0
湖南	7619720	621	62	10.0
广东	23906771	1304	248	19.0
广西	4607041	209	48	23.0
海南	741994	149	27	18.1
重庆	5492605	352	52	14.8
四川	10801518	1171	160	13.7
贵州	7657602	296	72	24.3
云南	9606837	512	110	21.5
西藏	381046	71	14	19.7
陕西	17182858	585	88	15.0
甘肃	3297108	506	134	26.5
青海	329448	88	26	29.5
宁夏	414561	61	16	26.2
新疆	5902176	340	107	31.5

2–75 各地区股份制建筑业企业主要经济效益指标

地　区	产值利润率(%)	产值利税率(%)	资本利润率(%)	资本利税率(%)	人均利润(元/人)	人均利税(元/人)	资产负债率(%)
全国总计	**3.4**	**5.6**	**22.3**	**36.5**	**17681**	**28967**	**73.2**
北　京	9.7	11.6	35.1	42.0	60409	72306	63.9
天　津	1.4	2.8	7.6	15.1	5723	11377	82.3
河　北	2.2	4.5	13.6	28.3	17902	37283	75.9
山　西	3.0	4.9	14.8	24.1	12998	21102	78.4
内蒙古	4.2	8.3	11.3	22.1	17499	34170	64.2
辽　宁	0.9	3.0	4.7	16.0	5151	17685	78.3
吉　林	3.3	6.4	13.9	26.7	20402	39125	74.7
黑龙江	2.3	5.6	6.7	16.4	8400	20629	74.2
上　海	2.5	4.4	14.7	25.7	18882	32938	81.4
江　苏	4.1	6.5	62.7	98.9	20484	32299	67.1
浙　江	2.5	4.8	27.1	51.1	9858	18563	72.9
安　徽	3.0	5.0	20.0	33.3	16988	28336	72.1
福　建	2.4	3.8	23.7	37.0	8625	13473	74.4
江　西	2.3	4.6	17.2	34.2	13378	26573	72.8
山　东	2.7	4.9	23.0	41.5	14621	26337	77.7
河　南	3.3	6.0	24.9	45.6	16983	31125	72.0
湖　北	2.7	4.7	26.7	46.6	24081	42022	73.4
湖　南	2.7	5.3	25.7	50.4	11592	22789	72.4
广　东	3.1	5.3	19.7	33.7	18489	31618	77.9
广　西	1.2	3.1	15.8	40.0	5563	14119	82.4
海　南	3.8	8.8	9.5	22.2	17631	41333	56.7
重　庆	2.6	4.7	20.4	37.9	12567	23304	76.1
四　川	2.9	5.2	17.7	31.9	12292	22117	75.1
贵　州	2.3	3.8	18.8	31.1	10433	17207	77.8
云　南	3.8	6.2	8.4	14.0	15830	26290	64.9
西　藏	4.6	7.1	15.0	23.2	42526	65714	74.4
陕　西	2.4	4.0	19.7	32.9	14502	24255	82.3
甘　肃	2.8	6.1	14.0	30.3	11585	25052	72.0
青　海	4.1	6.7	7.3	12.0	16663	27444	61.1
宁　夏	2.4	5.9	11.2	27.3	9799	23992	75.3
新　疆	1.6	4.0	8.5	21.8	6090	15664	80.0

2-76 各地区外商投资建筑业企业签订合同情况

单位：万元

地区	签订合同额	上年结转合同额	本年新签合同额
全国总计	**18436065**	**8478407**	**9957659**
北京	1582061	982952	599109
天津	133012	18789	114223
河北	215359	55830	159530
山西	11322	2235	9087
内蒙古			
辽宁	51188	11848	39340
吉林			
黑龙江	28871	5891	22980
上海	2220827	1096706	1124121
江苏	5784841	2095092	3689749
浙江	2247902	1664819	583083
安徽			
福建	676979	202452	474527
江西	20262	4551	15711
山东	367082	18190	348892
河南	982355	512097	470258
湖北	916965	431200	485765
湖南	137606	6913	130693
广东	2191430	1144646	1046784
广西			
海南			
重庆	123919	44299	79621
四川	221	42	179
贵州			
云南			
西藏			
陕西	661517	179855	481662
甘肃	94		94
青海			
宁夏	82253		82253
新疆			

2-77 各地区外商投资建筑业企业承包工程完成情况

单位：万元

地　区	直接从建设单位承揽工程完成的产值	自行完成施工产值	分包出去工程的产值	从建设单位以外承揽工程完成的产值
全国总计	**9771808**	**9000261**	**771548**	**622906**
北　京	688865	479042	209822	82016
天　津	80855	72855	8000	8160
河　北	76610	76610		
山　西	6326	6326		
内蒙古				
辽　宁	34643	34499	144	
吉　林				
黑龙江	14620	14620		3630
上　海	1129362	720893	408468	114852
江　苏	3811411	3753314	58097	116237
浙　江	409416	409416		29205
安　徽				
福　建	319398	318293	1106	1106
江　西	10670	10670		
山　东	324613	324613		
河　南	103346	102946	400	235295
湖　北	558140	554171	3969	1268
湖　南	137606	137606		
广　东	1651245	1638797	12448	14805
广　西				
海　南				
重　庆	42582	42582		15333
四　川	221	221		
贵　州				
云　南				
西　藏				
陕　西	289533	288533	1000	1000
甘　肃	94	94		
青　海				
宁　夏	82253	14161	68093	
新　疆				

2–78 各地区外商投资企业建筑业总产值和竣工产值

单位：万元

地区	建筑业总产值	#装饰装修产值	#在外省完成的产值	按构成分组			竣工产值
				建筑工程产值	安装工程产值	其他产值	
全国总计	**9623166**	**3217175**	**5403347**	**8537183**	**987711**	**98273**	**5774811**
北京	561058	22475	267847	526617	34429	13	351508
天津	81015		35535	8193	72823		7087
河北	76610	685	25544	62346	13693	571	36435
山西	6326			6326			6326
内蒙古							
辽宁	34499	4739	9099	9937	23713	849	24408
吉林							
黑龙江	18249		152	18249			10057
上海	835746	120601	576003	503690	271547	60509	341745
江苏	3869550	2868408	2482477	3531093	337687	770	3246285
浙江	438621	94318	224649	431882	6739		134024
安徽							
福建	319398	33716	162873	306821	12535	42	37951
江西	10670		4511	4511	6158		6158
山东	324613	26632	75094	297678	26917	19	85293
河南	338241	1893	260842	251820	77992	8429	86059
湖北	555439	12725	83444	555439			235154
湖南	137606		115933	117424		20182	137606
广东	1653602	28668	1047894	1630894	15820	6888	856695
广西							
海南							
重庆	57915		13679	50975	6940		377
四川	221	221		221			221
贵州							
云南							
西藏							
陕西	289533	2000	3610	208837	80696		171330
甘肃	94	94		70	24		94
青海							
宁夏	14161		14161	14161			
新疆							

2-79 各地区外商投资建筑业企业房屋建筑面积

单位：万平方米、%

地区	房屋施工面积	#本年新开工	房屋竣工面积	房屋竣工率
全国总计	**3551**	**1368**	**438**	**12.3**
北京	143	37	24	17.1
天津				
河北	28	23		
山西				
内蒙古				
辽宁				
吉林				
黑龙江				
上海	85	39	47	55.5
江苏	200	27	28	14.0
浙江	981	211	53	5.4
安徽				
福建	23	8	13	56.9
江西				
山东	63	53	43	68.3
河南	1			
湖北	331	155	94	
湖南				
广东	1644	817	127	7.7
广西				
海南				
重庆				
四川				
贵州				
云南				
西藏				
陕西	51		8	15.6
甘肃				
青海				
宁夏				
新疆				

2-80 各地区按主要用途分的外商投资建筑业企业房屋竣工面积

单位：万平方米

地区	总计	住宅房屋	商业及服务用房屋	办公用房屋	科研、教育和医疗用房屋
全国总计	**438**	**320**		**19**	**2**
北京	24			18	2
天津					
河北					
山西					
内蒙古					
辽宁					
吉林					
黑龙江					
上海	47				
江苏	28	12			
浙江	53	44			
安徽					
福建	13				
江西					
山东	43	43			
河南					
湖北	94	94			
湖南					
广东	127	126			
广西					
海南					
重庆					
四川					
贵州					
云南					
西藏					
陕西	8				
甘肃					
青海					
宁夏					
新疆					

2-80 续表1

单位：万平方米

地区	文化、体育和娱乐用房屋	厂房及建筑物	仓库	其他未列明的房屋建筑物
全国总计		**85**		**13**
北京		4		
天津				
河北				
山西				
内蒙古				
辽宁				
吉林				
黑龙江				
上海		47		
江苏		15		
浙江		9		
安徽				
福建		1		13
江西				
山东				
河南				
湖北				
湖南				
广东				
广西				
海南				
重庆				
四川				
贵州				
云南				
西藏				
陕西		8		
甘肃				
青海				
宁夏				
新疆				

2-81 各地区按主要用途分的外商投资建筑业企业房屋竣工价值

单位：万元

地区	总计	住宅房屋	商业及服务用房屋	办公用房屋	科研、教育和医疗用房屋
全国总计	**1145930**	**606610**		**96521**	**4740**
北京	110872			95794	4740
天津					
河北					
山西					
内蒙古					
辽宁	66				
吉林					
黑龙江					
上海	128978				
江苏	129259	38607		727	
浙江	109247	94269			
安徽					
福建	25165				
江西					
山东	76871	76871			
河南					
湖北	232731	232731			
湖南					
广东	164562	164132			
广西					
海南					
重庆					
四川					
贵州					
云南					
西藏					
陕西	168180				
甘肃					
青海					
宁夏					
新疆					

2-81 续表1

单位：万元

地　区	文化、体育和娱乐用房屋	厂房及建筑物	仓　库	其他未列明的房屋建筑物
全国总计		**413714**	**239**	**24107**
北　京		10338		
天　津				
河　北				
山　西				
内蒙古				
辽　宁		66		
吉　林				
黑龙江				
上　海		128978		
江　苏		89686	239	
浙　江		14978		
安　徽				
福　建		1058		24107
江　西				
山　东				
河　南				
湖　北				
湖　南				
广　东		430		
广　西				
海　南				
重　庆				
四　川				
贵　州				
云　南				
西　藏				
陕　西		168180		
甘　肃				
青　海				
宁　夏				
新　疆				

2-82 各地区外商投资建筑业企业主要生产效益指标

地区	建筑业企业个数（个）	从事建筑业活动的平均人数（人）	按总产值计算的劳动生产率（元/人）	人均竣工产值（元/人）	人均施工面积（平方米/人）	人均竣工面积（平方米/人）
全国总计	**183**	**164800**	**583930**	**350413**	**215.5**	**26.6**
北京	18	7912	709123	444272	180.1	30.7
天津	6	796	1017779	89035		
河北	2	89	8607876	4093809	3168.5	
山西	2	56	1129643	1129643		
内蒙古						
辽宁	16	755	456942	323285		1.4
吉林						
黑龙江	2	625	291986	160909		
上海	38	35864	233032	95289	23.7	13.2
江苏	38	68265	566843	475542	29.3	4.1
浙江	5	18230	240604	73518	538.3	29.2
安徽						
福建	7	2188	1459772	173449	105.6	60.1
江西	2	450	237102	136849		
山东	10	6642	488728	128414	94.9	64.8
河南	8	2242	1508658	383850	2.9	
湖北	4	4633	1198876	507562	715.0	203.5
湖南	1	4884	281748	281748		
广东	11	8937	1850287	958593	1840.0	141.8
广西						
海南						
重庆	3	637	909179	5912		
四川	1	37	59730	59730		
贵州						
云南						
西藏						
陕西	7	1051	2754833	1630164	489.4	76.4
甘肃	1	7	134143	134143		
青海						
宁夏	1	500	283210			
新疆						

2–83 各地区外商投资建筑业企业资产构成

单位：万元

地 区	资产总计	#流动资产合计	#存货
全国总计	**19970788**	**18504424**	**2771193**
北 京	909758	849165	147245
天 津	117601	105012	7845
河 北	13370	10846	104
山 西	7417	7044	2069
内 蒙 古			
辽 宁	128147	77960	7916
吉 林			
黑 龙 江	25841	23223	6975
上 海	1774684	1704836	607758
江 苏	6089072	5277429	197238
浙 江	172091	158587	46921
安 徽			
福 建	319875	316331	7500
江 西	45277	44819	132
山 东	931265	743695	13384
河 南	466133	403509	87339
湖 北	205572	186776	45855
湖 南	222464	207909	36791
广 东	7970801	7865640	1537232
广 西			
海 南			
重 庆	119085	94780	15609
四 川	201	190	4
贵 州			
云 南			
西 藏			
陕 西	285041	275105	465
甘 肃	2795	1487	
青 海			
宁 夏	164299	150083	2811
新 疆			

2−84 各地区外商投资建筑业企业固定资产情况

单位：万元

地　区	固定资产原价	累计折旧	#本年折旧	在建工程
全国总计	**908159**	**385426**	**38525**	**38001**
北　京	36085	24313	2146	545
天　津	18643	12234	1150	
河　北	1408	854	52	
山　西	3305	3035	20	700
内蒙古				
辽　宁	47076	14975	1175	1797
吉　林				
黑龙江	4080	1653	43	
上　海	40725	24330	1013	
江　苏	458680	170238	19735	20527
浙　江	11996	8446	1137	43
安　徽				
福　建	5197	3844	304	
江　西	1699	1324	85	
山　东	110876	44795	3293	3386
河　南	52689	10438	1604	9755
湖　北	17886	8112	255	1216
湖　南				
广　东	34967	21952	2372	32
广　西				
海　南				
重　庆	23193	8617	1087	
四　川	85	75	2	
贵　州				
云　南				
西　藏				
陕　西	1860	1118	523	
甘　肃	69			
青　海				
宁　夏	37639	25073	2529	
新　疆				

2-85 各地区外商投资建筑业企业负债及所有者权益

单位：万元

地区	负债合计	#流动负债	#应付账款	所有者权益	#实收资本
全国总计	**14317946**	**12846746**	**5241932**	**5652841**	**1542395**
北京	707224	703853	361638	202534	113784
天津	64890	64609	52243	52711	24787
河北	11878	11364	9481	1492	1250
山西	5711	5711	2485	1706	120
内蒙古					
辽宁	81261	73463	29395	46886	30679
吉林					
黑龙江	21991	21991	8523	3850	4082
上海	1414974	1397295	290310	359710	132549
江苏	3718001	3531784	2215975	2371072	466874
浙江	103524	103524	47527	68567	21964
安徽					
福建	185668	185668	136353	134207	36148
江西	25430	25430	21244	19847	10509
山东	613670	612283	319599	317595	18225
河南	341270	271983	166035	124863	23355
湖北	108349	107174	51960	97222	60820
湖南	99936	99936	68288	122528	5691
广东	6443600	5261452	1304435	1527201	534388
广西					
海南					
重庆	89283	87938	59724	29802	13810
四川	141	141	141	60	60
贵州					
云南					
西藏					
陕西	161785	161785	65713	123256	12800
甘肃	150	150	29	2645	500
青海					
宁夏	119211	119211	30836	45088	30000
新疆					

2-86 各地区外商投资建筑业企业收入情况

单位：万元

地　区	主营业务收入	主营业务成本	主营业务税金及附加	其他业务收入	其他业务利润
全国总计	**10240971**	**8900057**	**40558**	**243449**	**9501**
北　京	981054	908663	2457	2814	-166
天　津	106639	88130	518	413	301
河　北	76603	75140	97	7	
山　西	6710	5860	15	6	
内蒙古					
辽　宁	23726	15760	168	2937	287
吉　林					
黑龙江	17740	16174	106	1453	
上　海	1318962	1181669	2609	6661	2914
江　苏	4204045	3528871	12204	23221	5756
浙　江	261092	251723	759	2080	-2
安　徽					
福　建	261231	235625	548	499	79
江　西	6115	5669	22	50399	
山　东	263128	223501	8761	356	
河　南	197003	151690	744	10094	64
湖　北	329506	290037	3622		
湖　南				137606	
广　东	1664602	1464594	5812	4445	28
广　西					
海　南					
重　庆	80213	76497	437	413	294
四　川	221	191	7		
贵　州					
云　南					
西　藏					
陕　西	360039	326172	987	46	
甘　肃	89	60			
青　海					
宁　夏	82253	54030	685		-54
新　疆					

2-87 各地区外商投资建筑业企业费用情况

单位：万元

地区	管理费用	销售费用	研发费用	财务费用	#利息收入	#利息支出
全国总计	**333688**	**83743**	**185522**	**73755**	**15424**	**78391**
北京	35765	13361	2325	4467	992	4786
天津	7614	2847	2266	-40	168	31
河北	1331			-37	50	
山西	272			6	-1	7
内蒙古						
辽宁	5511	146		815	268	337
吉林						
黑龙江	1464	106	3	282	5	258
上海	70834	10488	5064	-4843	4108	1119
江苏	116051	44712	107537	13059	6404	18212
浙江	4906	264		314	223	494
安徽						
福建	4544	1647		923	79	821
江西	2088			-468	-475	
山东	9214	2851	4251	2944	140	3082
河南	7607	1203	5122	-2	-73	280
湖北	10225	4191		954		
湖南	6545	7	4359	-125		
广东	37681	1610	53360	57367	-2223	48488
广西						
海南						
重庆	3577	311	1236	-268	488	223
四川	29					
贵州						
云南						
西藏						
陕西	5322			-4949	5272	254
甘肃	35					
青海						
宁夏	3074			3355		
新疆						

2-88 各地区外商投资建筑业企业利润及税金情况

单位：万元

地区	利润总额	#所得税费用	税金总额	主营业务税金及附加	应交增值税
全国总计	**704897**	**127584**	**279863**	**40558**	**239306**
北京	18566	5027	22082	2457	19625
天津	6670	1384	4657	518	4139
河北	94	20	728	97	631
山西	333	12	182	15	167
内蒙古					
辽宁	2372	577	741	168	573
吉林					
黑龙江	100	35	434	106	328
上海	67980	15698	20608	2609	17999
江苏	384741	60005	110341	12204	98137
浙江	3719	861	7768	759	7009
安徽					
福建	21137	6152	4885	548	4337
江西	5329	1377	556	22	534
山东	15976	3949	15949	8761	7189
河南	38334	6044	4802	744	4059
湖北	20445	5206	6829	3622	3207
湖南	33211	5366	5038		5038
广东	31046	5607	50936	5812	45124
广西					
海南					
重庆	481	60	2381	437	1944
四川	4		8	7	1
贵州					
云南					
西藏					
陕西	33310	5023	15721	987	14735
甘肃	-5		8		8
青海					
宁夏	21056	5182	5210	685	4526
新疆					

2-89 各地区外商投资建筑业企业应收工程款及企业亏损情况

地　　区	应收工程款(万元)	企业个数(个)	#亏损企业个数	亏损企业的比重(%)
全国总计	**6524758**	**183**	**48**	**26.2**
北　京	354357	18	7	38.9
天　津	29351	6	1	16.7
河　北	1190	2	1	50.0
山　西	1529	2		
内蒙古				
辽　宁	36082	16	12	75.0
吉　林				
黑龙江	8083	2		
上　海	279848	38	10	26.3
江　苏	2601768	38	5	13.2
浙　江	48196	5		
安　徽				
福　建	87450	7	1	14.3
江　西	20990	2		
山　东	261383	10	4	40.0
河　南	204620	8		
湖　北	110073	4	1	25.0
湖　南		1		
广　东	2273605	11	3	27.3
广　西				
海　南				
重　庆	32855	3	1	33.3
四　川	165	1		
贵　州				
云　南				
西　藏				
陕　西	49504	7	1	14.3
甘　肃	647	1	1	100.0
青　海				
宁　夏	123063	1		
新　疆				

2−90 各地区外商投资建筑业企业主要经济效益指标

地　区	产值利润率(%)	产值利税率(%)	资本利润率(%)	资本利税率(%)	人均利润(元/人)	人均利税(元/人)	资产负债率(%)
全国总计	**7.3**	**10.2**	**45.7**	**63.8**	**42773**	**59755**	**71.7**
北　京	3.3	7.2	16.3	35.7	23466	51375	77.7
天　津	8.2	14.0	26.9	45.7	83796	142299	55.2
河　北	0.1	1.1	7.5	65.7	10517	92292	88.8
山　西	5.3	8.1	277.7	429.3	59500	92000	77.0
内蒙古							
辽　宁	6.9	9.0	7.7	10.1	31411	41224	63.4
吉　林							
黑龙江	0.5	2.9	2.5	13.1	1603	8547	85.1
上　海	8.1	10.6	51.3	66.8	18955	24701	79.7
江　苏	9.9	12.8	82.4	106.0	56360	72524	61.1
浙　江	0.8	2.6	16.9	52.3	2040	6301	60.2
安　徽							
福　建	6.6	8.1	58.5	72.0	96603	118928	58.0
江　西	49.9	55.2	50.7	56.0	118431	130776	56.2
山　东	4.9	9.8	87.7	175.2	24053	48065	65.9
河　南	11.3	12.8	164.1	184.7	170979	192399	73.2
湖　北	3.7	4.9	33.6	44.8	44130	58869	52.7
湖　南	24.1	27.8	583.5	672.1	67999	78314	44.9
广　东	1.9	5.0	5.8	15.3	34738	91733	80.8
广　西							
海　南							
重　庆	0.8	4.9	3.5	20.7	7546	44920	75.0
四　川	1.8	5.5	6.7	20.2	1081	3270	70.1
贵　州							
云　南							
西　藏							
陕　西	11.5	16.9	260.2	383.0	316940	466525	56.8
甘　肃	-5.8	3.2	-1.1	0.6	-7714	4286	5.4
青　海							
宁　夏	148.7	185.5	70.2	87.6	421120	525322	72.6
新　疆							

2-91　各地区港澳台商投资建筑业企业签订合同情况

单位：万元

地　区	签订合同额	上年结转合同额	本年新签合同额
全国总计	**34508893**	**19272368**	**15236525**
北　京	1318377	416772	901605
天　津	41531	32151	9380
河　北	10113945	5480219	4633726
山　西	9		9
内蒙古			
辽　宁	1266083	1192637	73446
吉　林	70742	27356	43386
黑龙江	2543		2543
上　海	3498181	1913700	1584482
江　苏	437635	104222	333413
浙　江	3468963	1039662	2429301
安　徽	101650	37993	63657
福　建	1764634	935759	828876
江　西	2614114	1888603	725511
山　东	573059	298981	274078
河　南	42545	42545	
湖　北	22301	6057	16244
湖　南	403414	220161	183253
广　东	7896077	5199538	2696539
广　西			
海　南			
重　庆	759736	364504	395232
四　川	4289	585	3703
贵　州	16787		16787
云　南			
西　藏			
陕　西	92244	70913	21331
甘　肃			
青　海			
宁　夏			
新　疆	36	12	24

2-92 各地区港澳台商投资建筑业企业承包工程完成情况

单位：万元

地 区	直接从建设单位承揽工程完成的产值	自行完成施工产值	分包出去工程的产值	从建设单位以外承揽工程完成的产值
全国总计	**13064406**	**11733925**	**1330481**	**380853**
北 京	620191	383060	237131	184493
天 津	27677	27677		8
河 北	3862045	3862045		
山 西	9	9		
内蒙古				
辽 宁	246804	246804		
吉 林	41862	41862		
黑龙江	2211	2211		
上 海	797506	699091	98415	54587
江 苏	270042	268942	1101	1516
浙 江	2070331	2069604	727	59071
安 徽	52358	52358		2741
福 建	1189332	1167332	22000	4061
江 西	951720	951720		
山 东	380296	379296	1000	
河 南	6856	6856		
湖 北	10716	10716		
湖 南	221045	221045		
广 东	2177613	1210086	967528	21117
广 西				
海 南				
重 庆	71344	71344		50680
四 川	13138	13138		
贵 州	7650	7650		
云 南				
西 藏				
陕 西	43625	41045	2580	2580
甘 肃				
青 海				
宁 夏				
新 疆	36	36		

2–93 各地区港澳台商投资企业建筑业总产值和竣工产值

单位：万元

地区	建筑业总产值	#装饰装修产值	#在外省完成的产值	按构成分组			竣工产值
				建筑工程产值	安装工程产值	其他产值	
全国总计	**12114778**	**1540741**	**6022102**	**10917329**	**1040433**	**157016**	**5279793**
北京	567553	392318	396010	530118	28207	9227	349903
天津	27684	20200	6228	26672	961	51	
河北	3862045	40456	2026320	3823571	34019	4455	1379021
山西	9	9		9			
内蒙古							
辽宁	246804	240158	232543	242726	1934	2145	48032
吉林	41862	1216	13267	21104	19396	1362	5669
黑龙江	2211	2211		2211			
上海	753678	207621	401146	353160	324409	76109	192417
江苏	270458	43246	80028	226829	38829	4800	125683
浙江	2128675	22399	1032826	2031674	93187	3814	1611877
安徽	55099	24919	25879	20300	34471	328	9048
福建	1171393	114538	714493	986216	184865	312	522096
江西	951720	4289	298052	949327	2254	139	183029
山东	379296	1702	9201	363799	14285	1212	282520
河南	6856			6856			
湖北	10716	1378		10452	264		1946
湖南	221045	35160	85289	217255		3790	104748
广东	1231202	384308	562757	1001403	225694	4106	453012
广西							
海南							
重庆	122024	759	114684	45873	30986	45164	759
四川	13138	3819	9320	13138			633
贵州	7650			7650			
云南							
西藏							
陕西	43625		14060	36952	6674		9364
甘肃							
青海							
宁夏							
新疆	36	36		36			36

2–94 各地区港澳台商投资建筑业企业房屋建筑面积

单位：万平方米、%

地区	房屋施工面积	#本年新开工	房屋竣工面积	房屋竣工率
全国总计	**12076**	**2996**	**2087**	**17.3**
北京	135	86	10	7.7
天津				
河北	4763	1140	578	12.1
山西				
内蒙古				
辽宁				
吉林	4	4		
黑龙江				
上海	204	102	102	49.7
江苏	49	24	13	25.8
浙江	1795	827	719	40.0
安徽	4	1		
福建	1839	204	176	9.6
江西	1198	116	67	5.6
山东	422	101	59	14.1
河南				
湖北	8	6	1	10.3
湖南	150	56	40	26.8
广东	1413	323	317	22.4
广西				
海南				
重庆				
四川				
贵州				
云南				
西藏				
陕西	94	7	6	6.4
甘肃				
青海				
宁夏				
新疆				

2-95 各地区按主要用途分的港澳台商投资建筑业企业房屋竣工面积

单位：万平方米

地区	总计	住宅房屋	商业及服务用房屋	办公用房屋	科研、教育和医疗用房屋
全国总计	**2087**	**1062**	**173**	**71**	**118**
北京	10	10			
天津					
河北	578	373	38	26	63
山西					
内蒙古					
辽宁					
吉林					
黑龙江					
上海	102				
江苏	13				
浙江	719	192	116	42	31
安徽					
福建	176	174			1
江西	67	51			11
山东	59	53	1		5
河南					
湖北	1				
湖南	40	17	12		3
广东	317	185	6	2	3
广西					
海南					
重庆					
四川					
贵州					
云南					
西藏					
陕西	6	6			
甘肃					
青海					
宁夏					
新疆					

2–95 续表1

单位：万平方米

地 区	文化、体育和娱乐用房屋	厂房及建筑物	仓 库	其他未列明的房屋建筑物
全国总计	**38**	**611**	**7**	**9**
北 京				
天 津				
河 北	8	58	3	8
山 西				
内蒙古				
辽 宁				
吉 林				
黑龙江				
上 海		102		
江 苏		13		
浙 江	23	311	5	
安 徽				
福 建				
江 西	6			
山 东				
河 南				
湖 北		1		
湖 南		8		
广 东	1	119		1
广 西				
海 南				
重 庆				
四 川				
贵 州				
云 南				
西 藏				
陕 西				
甘 肃				
青 海				
宁 夏				
新 疆				

2–96 各地区按主要用途分的港澳台商投资建筑业企业房屋竣工价值

单位：万元

地区	总计	住宅房屋	商业及服务用房屋	办公用房屋	科研、教育和医疗用房屋
全国总计	**3916779**	**2071893**	**490021**	**222333**	**352966**
北京	18241	17648			593
天津					
河北	1279431	760062	96910	63327	182246
山西					
内蒙古					
辽宁					
吉林					
黑龙江					
上海	66989				
江苏	16863				
浙江	1558040	507549	361520	155249	111585
安徽					
福建	351231	345207			6023
江西	178830	128995			21309
山东	123306	99959	3776		19571
河南					
湖北	1946		188		
湖南	74972	36944	19468	828	7059
广东	237854	166452	8159	2929	4580
广西					
海南					
重庆					
四川					
贵州					
云南					
西藏					
陕西	9077	9077			
甘肃					
青海					
宁夏					
新疆					

2-96 续表1

单位：万元

地区	文化、体育和娱乐用房屋	厂房及建筑物	仓库	其他未列明的房屋建筑物
全国总计	**127855**	**615843**	**12401**	**23467**
北京				
天津				
河北	32266	121178	4336	19106
山西				
内蒙古				
辽宁				
吉林				
黑龙江				
上海		66989		
江苏		16863		
浙江	64962	349110	8065	
安徽				
福建				
江西	28526			
山东				
河南				
湖北		1758		
湖南		10674		
广东	2101	49272		4361
广西				
海南				
重庆				
四川				
贵州				
云南				
西藏				
陕西				
甘肃				
青海				
宁夏				
新疆				

2-97 各地区港澳台商投资建筑业企业主要生产效益指标

地 区	建筑业企业个数(个)	从事建筑业活动的平均人数(人)	按总产值计算的劳动生产率(元/人)	人均竣工产值(元/人)	人均施工面积(平方米/人)	人均竣工面积(平方米/人)
全国总计	**235**	**241636**	**501365**	**218502**	**499.8**	**86.4**
北 京	29	9952	570290	351590	135.6	10.5
天 津	5	473	585292			
河 北	4	61077	632324	225784	779.9	94.6
山 西	1	19	4474			
内蒙古						
辽 宁	7	3758	656743	127814		
吉 林	5	426	982683	133075	84.5	
黑龙江	1	100	221140			
上 海	46	9915	760139	194067	206.0	102.4
江 苏	28	6707	403247	187390	73.5	19.0
浙 江	13	39511	538755	407957	454.4	181.9
安 徽	5	489	1126777	185035	72.2	
福 建	16	41249	283981	126572	445.7	42.6
江 西	4	38588	246636	47432	310.3	17.4
山 东	8	2036	1862945	1387624	2071.6	291.5
河 南	1	180	380867			
湖 北	3	559	191691	34805	138.3	14.3
湖 南	3	4675	472824	224061	320.2	85.8
广 东	47	19853	620159	228183	711.6	159.7
广 西						
海 南						
重 庆	3	235	5192494	32285		
四 川	2	108	1216500	58630		
贵 州	1	382	200262			
云 南						
西 藏						
陕 西	2	1340	325561	69878	701.9	45.2
甘 肃						
青 海						
宁 夏						
新 疆	1	4	88750	88750		

2-98 各地区港澳台商投资建筑业企业资产构成

单位：万元

地区	资产总计	#流动资产合计	#存货
全国总计	**23963733**	**19878851**	**2021477**
北京	915307	885110	139325
天津	93317	91486	5282
河北	5114085	4655917	24621
山西	3391	3342	391
内蒙古			
辽宁	1053398	971661	159122
吉林	99552	83408	24989
黑龙江	9486	8197	
上海	1926272	1418110	274470
江苏	360608	317293	65562
浙江	1025173	830417	104205
安徽	85711	68554	17191
福建	467124	439023	84830
江西	2384435	1722218	775506
山东	538687	511858	48758
河南	176772	175304	52508
湖北	20381	13080	874
湖南	85543	77633	6920
广东	8586611	7002191	200012
广西			
海南			
重庆	877027	463411	19904
四川	28740	28618	7122
贵州	1306	1306	332
云南			
西藏			
陕西	110691	110603	9553
甘肃			
青海			
宁夏			
新疆	117	112	

2-99 各地区港澳台商投资建筑业企业固定资产情况

单位：万元

地 区	固定资产原价	累计折旧	#本年折旧	在建工程
全国总计	**683873**	**323321**	**36769**	**213449**
北 京	26951	19641	1887	331
天 津	7770	6224	43	
河 北	33704	20039	1530	57715
山 西	354	305	5	
内蒙古				
辽 宁	106811	67859	2233	
吉 林	25006	11320	1098	
黑龙江	1348	443		
上 海	106054	44642	4200	899
江 苏	42307	14619	2225	2347
浙 江	75692	32223	2797	1160
安 徽	18456	3854	581	2353
福 建	9232	6887	619	1002
江 西	10480	3382	115	11183
山 东	22226	13004	8824	1071
河 南	1314	49	7	
湖 北	617	534	14	
湖 南	1340	992	47	2132
广 东	184611	71380	10139	128154
广 西				
海 南				
重 庆	8676	5213	370	5104
四 川	727	606	27	
贵 州				
云 南				
西 藏				
陕 西	118	31	12	
甘 肃				
青 海				
宁 夏				
新 疆	79	74		

2-100 各地区港澳台商投资建筑业企业负债及所有者权益

单位：万元

地区	负债合计	#流动负债	#应付账款	所有者权益	#实收资本
全国总计	**18258048**	**16924932**	**7647151**	**5705684**	**1987011**
北京	758958	755706	365747	156350	106874
天津	60612	60612	41798	32704	26859
河北	4510487	4462043	2761915	603598	180947
山西	2266	2153	1883	1125	1799
内蒙古					
辽宁	549771	543700	201803	503627	230051
吉林	66666	66659	17568	32886	7191
黑龙江	7202	7202	5525	2283	1660
上海	1285639	1166671	429209	640633	250760
江苏	195976	193367	95412	164632	74826
浙江	711787	701611	270756	313386	185600
安徽	56665	55439	9958	29046	14357
福建	341807	341781	83283	125317	68808
江西	2131365	2057496	1225880	253069	108747
山东	480186	446904	249832	58501	54382
河南	166936	166846	50403	9836	2188
湖北	5103	5103	2336	15278	7170
湖南	66466	62061	43852	19077	7398
广东	6134155	5343947	1680332	2452457	466241
广西					
海南					
重庆	607089	382867	87504	269938	174883
四川	16601	16601	1126	12139	10686
贵州	992	992	759	315	26
云南					
西藏					
陕西	101220	85070	20171	9471	5500
甘肃					
青海					
宁夏					
新疆	101	101	100	16	60

2-101 各地区港澳台商投资建筑业企业收入情况

单位：万元

地区	主营业务收入	主营业务成本	主营业务税金及附加	其他业务收入	其他业务利润
全国总计	**12945366**	**11604748**	**40280**	**115263**	**24806**
北京	763975	647787	2146	2098	1409
天津	33277	28543	103	356	79
河北	3326053	3170027	11844	40683	8683
山西	8		2		
内蒙古					
辽宁	225558	165209	1984	6659	
吉林	43436	41257	286	522	-64
黑龙江	2119	2165			
上海	1143076	1006011	2524	28019	9927
江苏	263226	225808	1611	1462	863
浙江	1716889	1608393	5335	20360	2100
安徽	54090	43307	251		
福建	1146414	1112537	4033		
江西	776313	720844	2258	699	
山东	365458	334316	1156	1991	1245
河南	6726	6740	4		
湖北	11430	10965	31		
湖南	166283	162605	594	325	
广东	2672223	2142823	5604	11362	536
广西					
海南					
重庆	140833	93258	179	698	1
四川	7593	6876	25	31	28
贵州	7018	6337	26		
云南					
西藏					
陕西	73336	68937	286		
甘肃					
青海					
宁夏					
新疆	35	4			

2-102 各地区港澳台商投资建筑业企业费用情况

单位：万元

地　　区	管理费用	销售费用	研发费用	财务费用	#利息收入	#利息支出
全国总计	**363843**	**45220**	**120322**	**175629**	**22319**	**145590**
北　京	39740	7230	8813	1762	1083	2395
天　津	4173	630		-5		
河　北	47298	582	9312	21614	8933	26860
山　西	65			8		8
内蒙古						
辽　宁	36871	5101	11213	15380	-2	14944
吉　林	1476	22		23		24
黑龙江	13					
上　海	66021	12250	21111	7012	2977	9951
江　苏	18906	2023	3911	1721	-271	2333
浙　江	34152	4956	34161	10592	2144	7466
安　徽	3429	191	62	119	46	57
福　建	5845	1339	2300	-370	4	75
江　西	11084		809	21247	2709	26848
山　东	17823	85	5561	4326	3216	4633
河　南	197			-3	-3	
湖　北	373	100				
湖　南	1233	29	358	-12	12	
广　东	66876	10615	22712	65307	3557	46280
广　西						
海　南						
重　庆	6611	41		25811	-2171	2762
四　川	268			229		
贵　州	429	27		-1	-1	
云　南						
西　藏						
陕　西	937			871	85	954
甘　肃						
青　海						
宁　夏						
新　疆	25					

2-103 各地区港澳台商投资建筑业企业利润及税金情况

单位：万元

地区	利润总额	#所得税费用	税金总额	主营业务税金及附加	应交增值税
全国总计	**718433**	**131150**	**199158**	**40280**	**158878**
北京	53204	11025	12276	2146	10129
天津	-204	29	489	103	386
河北	91132	21984	14202	11844	2358
山西	-67	1	2	2	
内蒙古					
辽宁	1025	1994	4522	1984	2539
吉林	701	196	1449	286	1163
黑龙江	-59				
上海	32518	4935	18015	2524	15492
江苏	13648	2278	6832	1611	5221
浙江	29907	6432	46604	5335	41270
安徽	6833	1670	1692	251	1441
福建	19575	5435	24701	4033	20667
江西	35220	3353	20233	2258	17975
山东	2967	2140	7102	1156	5946
河南	-213	101	202	4	198
湖北	10	2	243	31	212
湖南	1562	364	4977	594	4383
广东	339870	68152	33698	5604	28094
广西					
海南					
重庆	87978	639	370	179	191
四川	244	43	14	25	-12
贵州	248	2	236	26	210
云南					
西藏					
陕西	2326	377	1299	286	1014
甘肃					
青海					
宁夏					
新疆	7	1			

2-104 各地区港澳台商投资建筑业企业应收工程款及企业亏损情况

地区	应收工程款(万元)	企业个数(个)	#亏损企业个数	亏损企业的比重(%)
全国总计	**5899187**	**235**	**63**	**26.8**
北京	321474	29	9	31.0
天津	19060	5	3	60.0
河北	426615	4	1	25.0
山西	2469	1	1	100.0
内蒙古				
辽宁	412752	7	3	42.9
吉林	39266	5	3	60.0
黑龙江	5952	1	1	100.0
上海	339516	46	12	26.1
江苏	100439	28	6	21.4
浙江	338748	13	6	46.2
安徽	14009	5		
福建	165621	16	3	18.8
江西	601596	4	1	25.0
山东	192492	8	1	12.5
河南		1	1	100.0
湖北	4579	3	1	33.3
湖南	42940	3		
广东	2671383	47	11	23.4
广西				
海南				
重庆	170588	3		
四川	512	2		
贵州		1		
云南				
西藏				
陕西	29101	2		
甘肃				
青海				
宁夏				
新疆	76	1		

2-105 各地区港澳台商投资建筑业企业主要经济效益指标

地区	产值利润率(%)	产值利税率(%)	资本利润率(%)	资本利税率(%)	人均利润(元/人)	人均利税(元/人)	资产负债率(%)
全国总计	**5.9**	**7.6**	**36.2**	**46.2**	**29732**	**37974**	**76.2**
北京	9.4	11.5	49.8	61.3	53461	65796	82.9
天津	-0.7	1.0	-0.8	1.1	-4309	6038	65.0
河北	2.4	2.7	50.4	58.2	14921	17246	88.2
山西	-788.2	-762.4	-3.7	-3.6	-35263	-34105	66.8
内蒙古							
辽宁	0.4	2.2	0.4	2.4	2727	14761	52.2
吉林	1.7	5.1	9.7	29.9	16451	50462	67.0
黑龙江	-2.7	-2.7	-3.6	-3.6	-5930	-5920	75.9
上海	4.3	6.7	13.0	20.2	32797	50967	66.7
江苏	5.0	7.6	18.2	27.4	20349	30535	54.3
浙江	1.4	3.6	16.1	41.2	7569	19364	69.4
安徽	12.4	15.5	47.6	59.4	139742	174346	66.1
福建	1.7	3.8	28.4	64.3	4746	10734	73.2
江西	3.7	5.8	32.4	51.0	9127	14371	89.4
山东	0.8	2.7	5.5	18.5	14573	49455	89.1
河南	-3.1	-0.2	-9.7	-0.5	-11817	-617	94.4
湖北	0.1	2.4	0.1	3.5	179	4517	25.0
湖南	0.7	3.0	21.1	88.4	3342	13987	77.7
广东	27.6	30.3	72.9	80.1	171193	188167	71.4
广西							
海南							
重庆	72.1	72.4	50.3	50.5	3743749	3759498	69.2
四川	1.9	2.0	2.3	2.4	22593	23880	57.8
贵州	3.2	6.3	940.2	1833.3	6497	12670	75.9
云南							
西藏							
陕西	5.3	8.3	42.3	65.9	17360	27057	91.4
甘肃							
青海							
宁夏							
新疆	19.4	19.7	11.5	11.7	17250	17500	86.3

三、中央和地方建筑业企业

3-1 各地区中央建筑业企业签订合同情况

单位：万元

地区	签订合同额	上年结转合同额	本年新签合同额
全国总计	**1998843241**	**1030695874**	**968147367**
北京	301551409	162614177	138937232
天津	101232829	51936805	49296024
河北	50292640	23188344	27104296
山西	49955922	25340492	24615430
内蒙古	15422775	7143094	8279681
辽宁	35349869	13695474	21654395
吉林	7233982	2921100	4312882
黑龙江	4053255	2200232	1853023
上海	146862944	81427367	65435578
江苏	56906498	30935037	25971461
浙江	10875665	5899680	4975985
安徽	74776041	31381454	43394587
福建	50167272	31247286	18919986
江西	18081488	8875621	9205867
山东	88023681	39599622	48424059
河南	98128573	43143000	54985573
湖北	275266791	150568292	124698499
湖南	95387014	48103196	47283818
广东	203068084	113000103	90067982
广西	11565243	6669676	4895567
海南	676781	332997	343785
重庆	43520001	24412460	19107540
四川	60956038	28997703	31958335
贵州	33298233	16648493	16649740
云南	37935638	18458537	19477101
西藏	895873	612844	283029
陕西	93117574	46444134	46673440
甘肃	8717587	3775705	4941882
青海	8084161	4479602	3604559
宁夏	1673209	499930	1173279
新疆	15766172	6143419	9622754

3-2 各地区中央建筑业企业承包工程完成情况

单位：万元

地　区	直接从建设单位承揽工程完成的产值	自行完成施工产值	分包出去工程的产值	从建设单位以外承揽工程完成的产值
全国总计	**539485673**	**495285382**	**44200292**	**45969195**
北　京	90493239	67197355	23295884	15409095
天　津	26591102	24705874	1885229	1851518
河　北	13249470	12571692	677778	1486019
山　西	13719760	13650854	68906	231696
内蒙古	1828204	1828178	25	6164
辽　宁	10314058	9716568	597490	1850134
吉　林	1704685	1671971	32714	273641
黑龙江	1356658	1207996	148662	188546
上　海	33185371	31945426	1239945	2839472
江　苏	16790642	16213374	577268	1038169
浙　江	2833402	1939535	893867	1045293
安　徽	17643358	16822966	820392	986373
福　建	13663588	13650763	12826	951427
江　西	6516588	6376961	139627	127526
山　东	28549866	28061701	488165	2162356
河　南	26383582	26326716	56866	988794
湖　北	70321134	70197896	123237	511716
湖　南	24807381	24807381		1532305
广　东	54179683	46477441	7702242	4577014
广　西	4743046	4679094	63953	211460
海　南	253991	253991		
重　庆	11271612	10494871	776742	897500
四　川	14532527	14332446	200081	604447
贵　州	8781038	8781038		
云　南	6363920	6363920		606899
西　藏	421547	405669	15878	
陕　西	28589309	24321401	4267909	4917191
甘　肃	2170282	2127463	42819	
青　海	1739780	1675111	64668	614370
宁　夏	955694	955694		
新　疆	5531156	5524037	7119	60071

3–3 各地区中央企业建筑业总产值和竣工产值

单位：万元

地区	建筑业总产值	#装饰装修产值	#在外省完成的产值	按构成分组			竣工产值
				建筑工程产值	安装工程产值	其他产值	
全国总计	**541254576**	**7623348**	**376885688**	**489986070**	**41584689**	**9683817**	**158927264**
北京	82606450	2622387	74916468	78550351	3362775	693324	27370188
天津	26557392	31108	23554075	25217784	1133794	205814	6263408
河北	14057711	152087	10211819	9966522	3079923	1011266	4049363
山西	13882550	72624	10655890	12328507	1221663	332380	3617358
内蒙古	1834342	63172	1602401	1399348	50705	384289	102376
辽宁	11566702	9194	8049848	10005926	1173023	387753	6063243
吉林	1945612		1142867	1415862	517241	12508	336271
黑龙江	1396543		528892	612346	777915	6281	390956
上海	34784898	1176247	29690326	31226681	2944289	613928	10807672
江苏	17251542	8153	10850899	14290326	2894306	66911	5529669
浙江	2984828		1644375	2477735	485046	22047	909837
安徽	17809339	114122	12571173	16600364	986097	222878	1888509
福建	14602189	137725	4964981	13807238	784323	10628	3625164
江西	6504487	625	4539890	5156135	985377	362975	1250443
山东	30224057	440676	15905192	26761120	3112527	350410	8217526
河南	27315510	653470	16845319	23554953	2719878	1040678	9672119
湖北	70709612	395521	55052395	64245126	5000880	1463606	24757897
湖南	26339686	708750	20033087	24111169	1451482	777036	8992766
广东	51054455	304138	19588842	49197687	1613626	243142	10311464
广西	4890554	653	2690146	4068600	810215	11739	1690408
海南	253991		84046	219763	34228		40614
重庆	11392371	20175	7512614	10802062	536393	53917	3432125
四川	14936893	304092	7122505	12491864	1551392	893637	5001810
贵州	8781038	126298	6334204	6992868	1740172	47998	2148368
云南	6970818	33340	2824847	6884578	79705	6535	240017
西藏	405669		7503	405669			185146
陕西	29238592	151568	22711693	28005874	960377	272340	8802902
甘肃	2127463	34698	1146420	1519563	537866	70035	412771
青海	2289481		1942867	2130756	87920	70806	746722
宁夏	955694		560026	530863	401142	23689	380789
新疆	5584108	62526	1600080	5008430	550411	25267	1689364

3–4 各地区中央建筑业企业房屋建筑面积

单位：万平方米、%

地区	房屋施工面积	#本年新开工	房屋竣工面积	房屋竣工率
全国总计	**286340**	**77881**	**31837**	**11.1**
北京	66494	17150	6490	9.8
天津	9921	2781	1136	11.4
河北	3269	1255	337	10.3
山西	3723	1220	1397	37.5
内蒙古	2823	1303	54	1.9
辽宁	5551	1141	338	6.1
吉林	184	145	6	3.4
黑龙江	53	19	3	5.4
上海	22159	5732	2219	10.0
江苏	7121	1424	664	9.3
浙江	315	47	1	0.3
安徽	7939	2266	544	6.9
福建	8578	2454	882	10.3
江西	388	67	49	12.6
山东	13633	4226	1563	11.5
河南	17851	3912	1926	10.8
湖北	41001	10344	6266	15.3
湖南	22113	6486	2979	13.5
广东	28158	8085	2316	8.2
广西	486	238	47	9.6
海南	23	23	2	6.8
重庆	2883	1409	418	14.5
四川	5552	1642	737	13.3
贵州	1379	646	298	21.6
云南	634	98	17	2.7
西藏	18		16	88.8
陕西	10765	2360	769	7.1
甘肃	468	229	3	0.7
青海	197	88	46	23.4
宁夏	102	43	25	24.5
新疆	2561	1047	290	11.3

3–5 各地区按主要用途分的中央建筑业企业房屋竣工面积

单位：万平方米

地　区	总计	住宅房屋	商业及服务用房屋	办公用房　屋	科研、教育和医疗用房屋
全国总计	**31837**	**19707**	**4249**	**1403**	**1763**
北　京	6490	4047	1272	288	307
天　津	1136	830	46	33	48
河　北	337	216	24		24
山　西	1397	555	207	48	141
内蒙古	54	37		2	3
辽　宁	338	166	102	23	
吉　林	6	3			
黑龙江	3				
上　海	2219	1012	685	35	93
江　苏	664	431	3	57	83
浙　江	1				
安　徽	544	373	41		14
福　建	882	724	45	3	38
江　西	49	8	2	3	
山　东	1563	710	21	371	158
河　南	1926	1042	539	68	67
湖　北	6266	4022	694	280	377
湖　南	2979	2080	210	111	166
广　东	2316	1722	218	2	66
广　西	47	30		3	
海　南	2				2
重　庆	418	270	48	9	46
四　川	737	401	24	2	60
贵　州	298	191	61	13	17
云　南	17	9			3
西　藏	16	16			
陕　西	769	555	5	20	17
甘　肃	3			1	
青　海	46	46			
宁　夏	25			3	10
新　疆	290	213	2	26	25

3-5 续表1

单位：万平方米

地　　区	文化、体育和娱乐用房屋	厂房及建筑物	仓　库	其他未列明的房屋建筑物
全国总计	**561**	**2479**	**227**	**1448**
北　　京	98	270	21	188
天　　津	4	84	13	78
河　　北		44		30
山　　西	74	101	1	271
内 蒙 古		1		10
辽　　宁		43		4
吉　　林		4		
黑 龙 江				3
上　　海	94	285	6	9
江　　苏		66		24
浙　　江		1		
安　　徽	9	81	1	26
福　　建	1	66		6
江　　西		37		
山　　东	73	148	1	82
河　　南	8	165	4	33
湖　　北	104	337	40	412
湖　　南	20	232	99	62
广　　东	8	208	8	84
广　　西		6	4	4
海　　南				
重　　庆		44		1
四　　川	45	177	28	
贵　　州	2	6		9
云　　南		3		2
西　　藏				
陕　　西	16	54		103
甘　　肃	1			1
青　　海				
宁　　夏		12		
新　　疆	6	10		8

3–6 各地区按主要用途分的中央建筑业企业房屋竣工价值

单位：万元

地　区	总计	住宅房屋	商业及服务用房屋	办公用房　屋	科研、教育和医疗用房屋
全国总计	**74855249**	**39485202**	**11354191**	**4656231**	**5456764**
北　京	16925957	9585076	3489079	1180991	976373
天　津	2707265	1794333	80334	106857	208370
河　北	719101	464046	42483	214	18918
山　西	1411097	726097	60461	45916	112251
内蒙古	85523	58509		1663	10196
辽　宁	727997	355091	223540	65939	
吉　林	7914	3278			
黑龙江	7652				
上　海	5842579	1953308	2259037	108162	383085
江　苏	1373792	858726	9088	112752	179269
浙　江	675				
安　徽	1245301	663942	133906		46351
福　建	1635566	1258176	114886	5461	22240
江　西	99176	31816	7907	3061	
山　东	5083155	1808761	89006	1133525	567250
河　南	6333294	3422569	1857156	295465	199837
湖　北	13724023	6488030	1726285	1094293	1327578
湖　南	5966235	3402465	360439	281246	580771
广　东	3815148	2424632	546828	2929	157923
广　西	129568	73090		18987	9566
海　南	6386				6386
重　庆	1198141	715763	158867	22626	183060
四　川	2087055	1232053	47846	4088	202548
贵　州	796067	394098	127380	26034	35598
云　南	35747	15124		759	11645
西　藏	31624	31624			
陕　西	1985660	1139651	14992	66375	82444
甘　肃	14560		748	6995	1933
青　海	110209	108659			841
宁　夏	92705			7083	58357
新　疆	656077	476286	3923	64810	73976

3-6 续表1

单位：万元

地区	文化、体育和娱乐用房屋	厂房及建筑物	仓库	其他未列明的房屋建筑物
全国总计	**1974930**	**6011623**	**541868**	**5374441**
北京	364282	589210	40118	700829
天津	10000	267780	52442	187150
河北		80062		113379
山西	58106	150035	1400	256832
内蒙古		367		14789
辽宁		64798		18630
吉林		4266		370
黑龙江				7652
上海	317750	761919	17256	42063
江苏		142333		71625
浙江		675		
安徽	75000	172493	725	152884
福建	1589	209044		24170
江西		56328	60	4
山东	458971	531264	4822	489555
河南	93210	337684	3581	123792
湖北	344320	597175	56016	2090327
湖南	77285	785221	305728	173081
广东	39429	372583	20477	250348
广西		15554	3484	8888
海南				
重庆		101074		16750
四川	70237	496585	33697	
贵州	4128	139811		69018
云南		5880		2339
西藏				
陕西	54219	84507		543472
甘肃	3180			1704
青海		352		357
宁夏		27265		
新疆	3223	17362	2062	14434

3-7 各地区中央建筑业企业主要生产效益指标

地区	建筑业企业个数(个)	从事建筑业活动的平均人数(人)	按总产值计算的劳动生产率(元/人)	人均竣工产值(元/人)	人均施工面积(平方米/人)	人均竣工面积(平方米/人)
全国总计	**1242**	**7157674**	**756188**	**222038**	**400.0**	**44.5**
北京	151	1225223	674216	223389	542.7	53.0
天津	59	518792	511908	120731	191.2	21.9
河北	43	91165	1542007	444180	358.6	36.9
山西	50	341794	406167	105834	108.9	40.9
内蒙古	7	6868	2670854	149062	4110.5	78.1
辽宁	76	125420	922237	483435	442.6	26.9
吉林	26	19467	999441	172739	94.6	3.2
黑龙江	16	34524	404514	113242	15.2	0.8
上海	58	296778	1172085	364167	746.7	74.8
江苏	45	209683	822744	263716	339.6	31.7
浙江	20	38526	774757	236162	81.7	0.2
安徽	31	125345	1420826	150665	633.4	43.4
福建	31	396588	368195	91409	216.3	22.2
江西	24	26329	2470465	474930	147.4	18.6
山东	57	290820	1039270	282564	468.8	53.7
河南	57	373829	730695	258731	477.5	51.5
湖北	64	412079	1715924	600805	995.0	152.1
湖南	38	424715	620173	211736	520.6	70.1
广东	90	713268	715782	144566	394.8	32.5
广西	25	38047	1285398	444295	127.7	12.3
海南	3	602	4219118	674654	384.2	26.3
重庆	28	131155	868619	261685	219.8	31.9
四川	38	336455	443949	148662	165.0	21.9
贵州	20	175077	501553	122710	78.7	17.0
云南	18	132446	526314	18122	47.9	1.3
西藏	10	6264	647619	295571	28.9	25.6
陕西	77	468662	623874	187831	229.7	16.4
甘肃	18	39619	536980	104185	118.0	0.8
青海	8	19994	1145084	373473	98.7	23.1
宁夏	6	15691	609072	242680	65.1	16.0
新疆	48	122449	456035	137965	209.1	23.7

3–8 各地区中央建筑业企业资产构成

单位：万元

地　区	资产总计	#流动资产合计	#存货
全国总计	**782270802**	**534533115**	**37597824**
北　京	230307170	122323491	4417201
天　津	42911437	31005978	1293190
河　北	17000962	14484301	1454460
山　西	23381553	18991361	587819
内蒙古	2056964	1703128	395729
辽　宁	13945428	11877322	872219
吉　林	1892036	1522932	119898
黑龙江	3277579	3047613	502187
上　海	47379479	35572490	2527049
江　苏	16168117	13439846	1275440
浙　江	4300764	3342489	362640
安　徽	18174216	14166498	489467
福　建	9461621	7694385	452805
江　西	6028884	5632747	496378
山　东	27362969	22118423	1701011
河　南	25567175	19879034	1779840
湖　北	84687289	59745709	10315365
湖　南	27027769	19121638	2110135
广　东	73821939	49679583	2691989
广　西	3657355	3098464	279313
海　南	443682	421988	10078
重　庆	10910277	8237795	379677
四　川	17296314	12376109	653399
贵　州	11436083	9627755	155093
云　南	11680984	5336359	189151
西　藏	1413857	1085285	5073
陕　西	33050908	25320119	1262477
甘　肃	5230742	4269466	86304
青　海	3394346	2281704	203568
宁　夏	717931	645806	23791
新　疆	8284974	6483299	505080

3-9 各地区中央建筑业企业固定资产情况

单位：万元

地区	固定资产原价	累计折旧	#本年折旧	在建工程
全国总计	**48169280**	**27531492**	**3431781**	**2744444**
北京	5225240	2860259	426293	216417
天津	3400843	1847750	269218	78244
河北	2596296	1703196	102797	41031
山西	1889761	1239522	213384	34828
内蒙古	146066	75393	7847	45355
辽宁	1582279	1028750	92132	21065
吉林	293277	164995	17963	4336
黑龙江	583031	399919	21438	8158
上海	2959788	1693344	157141	163802
江苏	1567693	832750	97425	70121
浙江	506709	267824	28238	2563
安徽	1228560	634494	75574	17821
福建	595242	311621	49672	15768
江西	511222	356168	39914	8841
山东	2318431	1450739	221583	17436
河南	2099035	1322531	154044	193091
湖北	7072368	3573517	494359	933299
湖南	1622325	761943	182752	80281
广东	2920313	1590246	171666	363469
广西	590124	403100	20155	19156
海南	7945	5083	922	
重庆	1155098	709356	100587	41190
四川	1212496	750675	65965	88567
贵州	502575	288075	28171	7653
云南	704047	372033	49193	2761
西藏	47899	24274	3203	
陕西	3506522	2115123	274978	114294
甘肃	244104	155508	14928	3090
青海	401611	208570	10219	24530
宁夏	103449	51356	5310	179
新疆	574933	333377	34713	127100

3-10 各地区中央建筑业企业负债及所有者权益

单位：万元

地区	负债合计	#流动负债	#应付账款	所有者权益	#实收资本
全国总计	**585733954**	**527155872**	**225754565**	**196536847**	**77342753**
北京	144213427	126416032	45331195	86093743	23372316
天津	34897940	32695485	13187978	8013497	4541915
河北	13801567	12256834	5264243	3199396	1782780
山西	19674169	19097051	7952041	3707385	2326546
内蒙古	1748632	1624837	599859	308332	173760
辽宁	11647585	10990332	4668389	2297843	1736667
吉林	1485568	1370447	846162	406468	389253
黑龙江	3175200	3131409	1353825	102378	512686
上海	36704258	35645413	16812201	10675222	5084908
江苏	12889596	12120436	5345204	3278520	1562390
浙江	3313270	3134792	1529636	987495	559588
安徽	15029989	14758291	6862654	3144227	1871420
福建	7657584	7157791	4152253	1804037	893013
江西	5442503	4920494	2174219	586381	413416
山东	22830817	21816006	10092190	4532152	2580833
河南	19612706	18510530	8306047	5954469	2484448
湖北	63783477	54699984	24357357	20903812	5784409
湖南	21469027	18815178	9657972	5558743	2424001
广东	58978387	49992761	21815793	14843552	7253016
广西	3087054	2913727	1179196	570301	431070
海南	128599	128491	55664	315083	306471
重庆	8892014	8365547	3382307	2018263	1287086
四川	14022452	12231086	6127322	3273862	1964242
贵州	9546927	8791226	3687120	1889156	1287511
云南	9030332	6118259	2379327	2650652	922676
西藏	1112931	651857	251735	300926	227602
陕西	27063764	25462146	12338228	5987144	3387429
甘肃	4327743	4139099	2075804	902998	582499
青海	2535162	2224309	1050914	859184	270324
宁夏	597775	585097	307700	120156	82755
新疆	7033501	6390926	2610034	1251473	845724

3-11 各地区中央建筑业企业收入情况

单位：万元

地区	主营业务收入	主营业务成本	主营业务税金及附加	其他业务收入	其他业务利润
全国总计	**572326664**	**533550280**	**1267344**	**3782327**	**629614**
北京	110799435	103852676	227450	421790	175495
天津	26419996	24402686	41590	236367	25389
河北	13307165	12093786	41332	97417	27147
山西	16547193	15660499	30634	98451	5445
内蒙古	1770351	1690681	4532	4701	2366
辽宁	10310585	9591464	28859	69454	12085
吉林	1887726	1765703	4875	23922	4157
黑龙江	1773138	1729766	4371	10239	-5126
上海	43823747	41408755	86587	110417	71931
江苏	16713610	15421839	43480	104649	12598
浙江	4093095	3858526	5997	24234	3768
安徽	16579570	15497008	28660	104996	32185
福建	11195400	10531071	26255	80267	8507
江西	5717777	5434992	10064	45794	2206
山东	29771511	27990447	78850	142023	26593
河南	28030092	26075496	60047	141027	26680
湖北	69366834	63127655	225360	453805	44418
湖南	25701176	23995476	70894	39299	1468
广东	50429931	46813131	85632	556344	89118
广西	2522342	2391135	6826	482279	458
海南	202866	194763	456	78	
重庆	9906274	9285626	17921	28920	7270
四川	15439891	14341283	25557	92259	8926
贵州	9324026	8897315	7404	27257	5832
云南	6703534	5931196	16377	21269	7320
西藏	454419	417992	747	1013	
陕西	30484588	28858515	53645	228790	29297
甘肃	3347261	3222534	5447	66855	275
青海	2953688	2714814	5083	35763	-3110
宁夏	951965	892101	3066	6576	1295
新疆	5797482	5461350	19348	26076	5619

3-12 各地区中央建筑业企业费用情况

单位：万元

地区	管理费用	销售费用	研发费用	财务费用	#利息收入	#利息支出
全国总计	**11341632**	**700980**	**12309503**	**2971664**	**3037080**	**4838958**
北京	1906428	106565	2324539	350091	1224815	1640741
天津	523113	36726	782122	318837	210830	293121
河北	430332	45922	311596	117577	14554	95668
山西	272789	6086	444327	31482	96802	94008
内蒙古	37362	2832	5970	17393	2268	17383
辽宁	272177	4999	228800	112547	27965	110024
吉林	52838	1017	41066	7192	1309	4331
黑龙江	61314	4973	13460	9060	1240	7131
上海	722494	88178	962774	186612	227511	233162
江苏	376782	19564	352987	90326	33430	97223
浙江	80590	5414	75237	12228	11181	13361
安徽	285733	9010	387358	37032	46756	31966
福建	182050	4082	193723	49926	7187	33356
江西	195481	6189	85918	23737	15240	30764
山东	431932	34419	661284	114286	83889	162485
河南	469828	21635	545501	139525	56927	104033
湖北	1776193	159599	1516932	312645	226703	444903
湖南	467863	10981	616526	171739	99015	200430
广东	676611	29886	1151938	346193	244587	492374
广西	132497	4107	51097	25113	4491	29847
海南	4767	46	2472	1253	100	1611
重庆	179361	19798	227504	87091	30864	65829
四川	675232	20731	336243	54479	91468	93744
贵州	165293	2355	97557	64472	58371	101582
云南	167784	1717	147084	101152	28546	113141
西藏	10281		555	4993	13215	17870
陕西	495520	42010	508344	110818	114923	177644
甘肃	67740	8997	34960	-14370	43957	22514
青海	76394	338	80036	22266	3389	33187
宁夏	20816	662	19640	3540	90	2763
新疆	124039	2144	101954	62430	15456	72760

3–13　各地区中央建筑业企业利润及税金情况

单位：万元

地　区	利润总额	#所得税费用	税金总额	主营业务税金及附加	应交增值税
全国总计	**21011165**	**2312261**	**7575221**	**1267344**	**6307877**
北　京	9069373	493094	1383589	227450	1156139
天　津	442061	55389	333568	41590	291979
河　北	307636	69447	277006	41332	235674
山　西	286622	18416	133041	30634	102408
内蒙古	9828	1283	14107	4532	9576
辽　宁	60390	17451	187212	28859	158353
吉　林	24479	5127	41066	4875	36191
黑龙江	-35193	2602	36050	4371	31679
上　海	1059671	143426	403558	86587	316971
江　苏	569729	99103	241596	43480	198115
浙　江	77948	15899	47320	5997	41323
安　徽	515956	57783	231736	28660	203077
福　建	247272	43028	128770	26255	102515
江　西	47382	29367	91384	10064	81320
山　东	696727	56436	299797	78850	220947
河　南	656142	124527	437261	60047	377214
湖　北	2322133	445667	1117762	225360	892402
湖　南	707772	68228	408675	70894	337781
广　东	1601064	271463	491690	85632	406058
广　西	36014	5682	65994	6826	59169
海　南	2942	530	1352	456	896
重　庆	245253	28663	106631	17921	88710
四　川	456579	65630	254457	25557	228901
贵　州	260918	27493	60463	7404	53059
云　南	308993	52063	268100	16377	251723
西　藏	3801	-227	12757	747	12010
陕　西	776518	80904	331474	53645	277830
甘　肃	62163	4836	27852	5447	22405
青　海	54516	2869	14980	5083	9896
宁　夏	12847	4001	17339	3066	14273
新　疆	123629	22080	108635	19348	89286

3-14 各地区中央建筑业企业应收工程款及企业亏损情况

地　　区	应收工程款（万元）	企业个数（个）	#亏损企业个数	亏损企业的比重（%）
全国总计	**121257665**	**1242**	**112**	**9.0**
北　　京	21855424	151	21	13.9
天　　津	6911546	59	4	6.8
河　　北	3259998	43	4	9.3
山　　西	5255705	50	1	2.0
内 蒙 古	443816	7	2	28.6
辽　　宁	2839553	76	16	21.1
吉　　林	435436	26	2	7.7
黑 龙 江	680381	16	4	25.0
上　　海	7590707	58	5	8.6
江　　苏	3607928	45	1	2.2
浙　　江	773390	20		
安　　徽	5001392	31	4	12.9
福　　建	1588286	31		
江　　西	1485648	24	3	12.5
山　　东	4254991	57	3	5.3
河　　南	4432404	57	4	7.0
湖　　北	12361495	64	3	4.7
湖　　南	4778453	38	1	2.6
广　　东	12867546	90	5	5.6
广　　西	700242	25	3	12.0
海　　南	66924	3		
重　　庆	2366591	28	2	7.1
四　　川	2563656	38	4	10.5
贵　　州	2247842	20	5	25.0
云　　南	1828006	18	2	11.1
西　　藏	120788	10	1	10.0
陕　　西	7310949	77	2	2.6
甘　　肃	662017	18	1	5.6
青　　海	577642	8		
宁　　夏	250599	6		
新　　疆	2138311	48	9	18.8

3-15 各地区中央建筑业企业主要经济效益指标

地 区	产值利润率(%)	产值利税率(%)	资本利润率(%)	资本利税率(%)	人均利润(元/人)	人均利税(元/人)	资产负债率(%)
全国总计	**3.9**	**5.3**	**27.2**	**37.0**	**29355**	**39938**	**74.9**
北 京	11.0	12.7	38.8	44.7	74022	85315	62.6
天 津	1.7	2.9	9.7	17.1	8521	14951	81.3
河 北	2.2	4.2	17.3	32.8	33745	64130	81.2
山 西	2.1	3.0	12.3	18.0	8386	12278	84.1
内蒙古	0.5	1.3	5.7	13.8	14310	34851	85.0
辽 宁	0.5	2.1	3.5	14.3	4815	19742	83.5
吉 林	1.3	3.4	6.3	16.8	12575	33670	78.5
黑龙江	-2.5	0.1	-6.9	0.2	-10194	248	96.9
上 海	3.0	4.2	20.8	28.8	35706	49304	77.5
江 苏	3.3	4.7	36.5	51.9	27171	38693	79.7
浙 江	2.6	4.2	13.9	22.4	20232	32515	77.0
安 徽	2.9	4.2	27.6	40.0	41163	59651	82.7
福 建	1.7	2.6	27.7	42.1	6235	9482	80.9
江 西	0.7	2.1	11.5	33.6	17996	52705	90.3
山 东	2.3	3.3	27.0	38.6	23957	34266	83.4
河 南	2.4	4.0	26.4	44.0	17552	29249	76.7
湖 北	3.3	4.9	40.1	59.5	56352	83477	75.3
湖 南	2.7	4.2	29.2	46.1	16665	26287	79.4
广 东	3.1	4.1	22.1	28.9	22447	29340	79.9
广 西	0.7	2.1	8.4	23.7	9466	26811	84.4
海 南	1.2	1.7	1.0	1.4	48867	71322	29.0
重 庆	2.2	3.1	19.1	27.3	18699	26830	81.5
四 川	3.1	4.8	23.2	36.2	13570	21133	81.1
贵 州	3.0	3.7	20.3	25.0	14903	18357	83.5
云 南	4.4	8.3	33.5	62.5	23330	43572	77.3
西 藏	0.9	4.1	1.7	7.3	6067	26433	78.7
陕 西	2.7	3.8	22.9	32.7	16569	23642	81.9
甘 肃	2.9	4.2	10.7	15.5	15690	22720	82.7
青 海	2.4	3.0	20.2	25.7	27266	34758	74.7
宁 夏	1.3	3.2	15.5	36.5	8188	19238	83.3
新 疆	2.2	4.2	14.6	27.5	10096	18968	84.9

3-16 各地区地方建筑业企业签订合同情况

单位：万元

地区	签订合同额	上年结转合同额	本年新签合同额
全国总计	**3956540476**	**1673330223**	**2283210253**
北京	116654585	61558924	55095661
天津	31987292	16115888	15871404
河北	91660400	40762061	50898338
山西	70353605	20013708	50339897
内蒙古	19601927	8878133	10723794
辽宁	43935356	14206746	29728610
吉林	34375865	12547890	21827975
黑龙江	21811469	8652049	13159420
上海	156245397	85449260	70796137
江苏	523597277	203530098	320067179
浙江	431196871	206684171	224512700
安徽	129445757	51982725	77463032
福建	230041038	91855013	138186025
江西	122287617	43802181	78485436
山东	203699551	73359265	130340286
河南	161353245	56988715	104364530
湖北	160657017	64796605	95860412
湖南	157291824	66661654	90630170
广东	316662730	149734965	166927764
广西	104178797	46730096	57448702
海南	10187453	5215323	4972130
重庆	121517632	47370844	74146788
四川	305728695	136097418	169631278
贵州	84639969	45171816	39468153
云南	99545033	39036673	60508360
西藏	5626294	2555010	3071284
陕西	105828809	37121393	68707416
甘肃	38476471	15883709	22592761
青海	6289275	3440091	2849184
宁夏	9147883	2828488	6319395
新疆	42515345	14299311	28216035

3-17 各地区地方建筑业企业承包工程完成情况

单位：万元

地　区	直接从建设单位承揽工程完成的产值	自行完成施工产值	分包出去工程的产值	从建设单位以外承揽工程完成的产值
全国总计	**2051569219**	**1996704818**	**54864401**	**101514534**
北　京	43863523	40328255	3535268	6123963
天　津	16280685	15527277	753408	1803238
河　北	44847872	44372862	475010	1050326
山　西	36031910	35859689	172221	1394195
内蒙古	9476576	9412477	64099	97595
辽　宁	26120574	25781153	339421	805359
吉　林	17928672	17722800	205872	389426
黑龙江	10613342	10513052	100291	154125
上　海	55867870	38922967	16944903	9062513
江　苏	313256905	312062747	1194157	23202091
浙　江	201302425	197504551	3797875	8896755
安　徽	73783159	73178337	604823	2663488
福　建	123248892	122815300	433592	3762610
江　西	77509937	76324255	1185683	3662851
山　东	117092139	115893054	1199085	3355881
河　南	102011791	100578774	1433018	3331358
湖　北	89687978	88894447	793531	1757020
湖　南	90628805	89841483	787322	2459114
广　东	138703840	126731532	11972308	6512450
广　西	52156936	51749704	407232	1892168
海　南	3652906	3631434	21473	28290
重　庆	77105285	75325106	1780179	3032185
四　川	136766923	132352648	4414276	8837415
贵　州	31411304	31164561	246744	856810
云　南	58113494	57361269	752225	2916149
西　藏	2506012	2469179	36833	72565
陕　西	53660405	53019790	640615	2752898
甘　肃	18461262	18118922	342340	246464
青　海	2819089	2799471	19618	33474
宁　夏	5516116	5405983	110132	56426
新　疆	21142592	21041740	100852	305332

3–18 各地区地方企业建筑业总产值和竣工产值

单位：万元

地区	建筑业总产值	#装饰装修产值	#在外省完成的产值	按构成分组			竣工产值
				建筑工程产值	安装工程产值	其他产值	
全国总计	**2098219352**	**107318124**	**533822231**	**1837188594**	**179220000**	**81810759**	**1062633955**
北京	46452218	7228207	22800853	43907254	2106294	438670	23107009
天津	17330516	1548183	5196561	14147921	2600900	581695	6080792
河北	45423188	1560251	9819278	38270503	4200245	2952440	18857255
山西	37253884	1177512	6042374	31566447	4096625	1590812	14911857
内蒙古	9510072	176058	1152774	8338008	558985	613080	4661022
辽宁	26586512	1436727	4180385	21437194	4051221	1098097	12836977
吉林	18112227	620878	2274710	15028541	1823546	1260141	10372416
黑龙江	10667177	313393	1925923	9009929	1023601	633646	4308754
上海	47985480	6339386	19468287	39060698	7073623	1851159	28872631
江苏	335264838	19117807	154531668	312498532	18913393	3852914	249300387
浙江	206401305	13438182	65777274	183284558	18256600	4860148	109587617
安徽	75841825	2119053	12015560	63041149	5800249	7000427	31977157
福建	126577911	4167095	59503929	116634418	8149753	1793740	56585358
江西	79987105	2847999	22309410	69210117	5536566	5240422	37577556
山东	119248935	6881397	16077223	99937536	16461873	2849526	55914738
河南	103910131	3669726	11804168	89010063	10221463	4678605	50234191
湖北	90651467	4794965	13659620	78676891	7653227	4321349	45220455
湖南	92300596	3354769	19720967	76995783	8277065	7027748	47595154
广东	133243982	13503502	23694232	111669103	16071306	5503574	53322228
广西	53641872	1214236	7063990	46030416	3872514	3738942	24441823
海南	3659723	193042	95929	3145831	334689	179203	1774430
重庆	78357291	2821957	12001146	70318706	5372638	2665947	34181339
四川	141190063	4175873	21619222	123581912	11682589	5925562	61900796
贵州	32021370	579677	4642899	27495891	2276937	2248543	12140459
云南	60277418	903525	2280630	54024637	3618079	2634703	22384774
西藏	2541745	98061	74890	2388411	78100	75233	843568
陕西	55772688	2404615	7992703	47106978	5428054	3237656	22531485
甘肃	18365386	246835	2451280	16049684	1757390	558312	7182994
青海	2832946	7963	378723	2530262	271022	31662	1264006
宁夏	5462410	73322	437422	4964033	373912	124464	2819898
新疆	21347073	303930	2828205	17827189	1277543	2242341	9844828

3-19 各地区地方建筑业企业房屋建筑面积

单位：万平方米、%

地区	房屋施工面积	#本年新开工	房屋竣工面积	房屋竣工率
全国总计	**1208414**	**434528**	**352984**	**29.2**
北京	22100	6564	3098	14.0
天津	5324	1141	1318	24.8
河北	31812	10509	6979	21.9
山西	16243	5790	3548	21.8
内蒙古	4194	1787	1357	32.4
辽宁	10684	4285	3684	34.5
吉林	8263	4285	2887	34.9
黑龙江	3233	1627	921	28.5
上海	31640	7817	5932	18.7
江苏	260287	91656	77139	29.6
浙江	180472	54405	40741	22.6
安徽	41438	15149	13898	33.5
福建	74002	24413	17320	23.4
江西	33848	16516	13863	41.0
山东	72528	27854	19747	27.2
河南	48106	19067	17487	36.4
湖北	44268	22143	20293	45.8
湖南	45866	19453	18258	39.8
广东	63733	21090	16948	26.6
广西	28210	8215	8249	29.2
海南	1801	466	298	16.5
重庆	35240	13599	13632	38.7
四川	62103	26481	21836	35.2
贵州	15789	5353	3654	23.1
云南	19495	7416	6221	31.9
西藏	459	247	189	41.2
陕西	26790	8398	6542	24.4
甘肃	10436	3586	2380	22.8
青海	730	241	310	42.4
宁夏	2006	970	732	36.5
新疆	7320	4007	3526	48.2

3-20 各地区按主要用途分的地方建筑业企业房屋竣工面积

单位：万平方米

地区	总计	住宅房屋	商业及服务用房屋	办公用房屋	科研、教育和医疗用房屋
全国总计	**352984**	**239375**	**21453**	**14880**	**16417**
北京	3098	1862	279	226	209
天津	1318	821	53	50	87
河北	6979	4930	389	234	381
山西	3548	2425	284	149	222
内蒙古	1357	1048	61	48	65
辽宁	3684	2711	146	89	76
吉林	2887	2280	97	110	73
黑龙江	921	691	31	15	37
上海	5932	3834	382	376	184
江苏	77139	56604	2535	2955	2319
浙江	40741	22589	2540	1982	1479
安徽	13898	9347	780	478	483
福建	17320	12195	1120	709	497
江西	13863	8415	1191	825	734
山东	19747	13803	1056	855	1206
河南	17487	12851	904	772	997
湖北	20293	13878	1658	834	1228
湖南	18258	12275	1384	849	1244
广东	16948	11149	702	671	789
广西	8249	4906	576	463	1013
海南	298	165	63	12	25
重庆	13632	10232	709	523	375
四川	21836	16019	1572	606	831
贵州	3654	2591	292	109	301
云南	6221	3998	609	416	466
西藏	189	140	8	9	10
陕西	6542	4279	416	258	617
甘肃	2380	1537	139	91	225
青海	310	171	21	27	29
宁夏	732	362	81	21	51
新疆	3526	1269	1375	121	163

3-20 续表1

单位：万平方米

地　区	文化、体育和娱乐用房屋	厂房及建筑物	仓　库	其他未列明的房屋建筑物
全国总计	**3130**	**46053**	**2462**	**9214**
北　京	60	315	5	143
天　津	12	186	27	81
河　北	74	730	41	200
山　西	45	279	27	117
内蒙古	13	88	6	28
辽　宁	12	520	32	97
吉　林	11	221	7	89
黑龙江	3	104	6	35
上　海	73	755	146	182
江　苏	534	10592	449	1151
浙　江	367	10268	753	765
安　徽	44	2319	62	385
福　建	109	2477	59	155
江　西	178	2046	106	369
山　东	164	2132	109	421
河　南	183	1255	119	404
湖　北	196	2088	58	354
湖　南	220	1641	73	574
广　东	117	2572	75	873
广　西	147	677	69	399
海　南	3	13		17
重　庆	66	1195	43	490
四　川	254	1735	99	719
贵　州	24	181	12	145
云　南	70	339	23	300
西　藏	1	5		17
陕　西	87	662	12	212
甘　肃	14	147	25	201
青　海	23	11	1	28
宁　夏	5	122	4	87
新　疆	24	381	15	178

3–21 各地区按主要用途分的地方建筑业企业房屋竣工价值

单位：万元

地　区	总计	住宅房屋	商业及服务用房屋	办公用房　屋	科研、教育和医疗用房屋
全国总计	**643963612**	**435422549**	**39038584**	**29906664**	**37831587**
北　京	9415354	4879460	1080673	977655	889892
天　津	2280789	1273956	113092	118953	243654
河　北	11596421	7924584	591934	405986	817641
山　西	6630662	4336240	485836	297166	463926
内蒙古	2292483	1660443	116189	104541	162344
辽　宁	5810376	4382469	180535	141365	106966
吉　林	4746115	3571381	166959	208557	198847
黑龙江	1465339	1085814	74098	26678	97702
上　海	13537261	8336178	983857	961317	661408
江　苏	164050586	120886840	5317367	7035477	6306108
浙　江	74380866	42810388	5713948	4197808	3944591
安　徽	19757282	13790879	1120220	687269	755332
福　建	34757410	25212423	2268183	1233841	1370651
江　西	23216257	13283519	2384354	1734102	1498455
山　东	34811241	23844503	2034189	1861399	2458471
河　南	25202799	18548639	1205196	1112277	1601207
湖　北	31605363	21699473	2639583	1228509	2004931
湖　南	28382026	18739466	2175382	1363137	2324245
广　东	31340464	21258030	1520178	1192159	1718743
广　西	16196090	9321128	1159612	951579	2287225
海　南	774443	411649	189845	27632	71481
重　庆	20494417	14819796	1340809	759946	796508
四　川	37142779	27213891	2778771	1047075	2047831
贵　州	6937478	4644668	542268	226847	707709
云　南	11914313	7815055	1171384	742236	1011810
西　藏	477496	356545	22796	19920	27120
陕　西	14318699	7749955	850824	641486	2073055
甘　肃	4338663	2705369	243657	171467	500189
青　海	641628	376516	49565	64392	75626
宁　夏	1376349	534626	177438	57490	158478
新　疆	4072166	1948669	339844	308400	449444

3-21 续表1

单位：万元

地区	文化、体育和娱乐用房屋	厂房及建筑物	仓库	其他未列明的房屋建筑物
全国总计	**7337348**	**72681902**	**4271127**	**17473851**
北京	231596	774168	14944	566965
天津	17930	294555	47220	171430
河北	208113	1156939	74806	416418
山西	171853	642006	29696	203939
内蒙古	59599	124291	9635	55442
辽宁	23444	790960	54974	129663
吉林	37357	412394	7486	143134
黑龙江	5244	131943	6523	37337
上海	182643	1505760	257631	648467
江苏	1612680	19472539	814719	2604856
浙江	868124	13875313	1356329	1614365
安徽	71755	2701330	88673	541825
福建	220100	4036609	116014	299588
江西	308722	3280526	212593	513986
山东	404861	3354661	154886	698272
河南	317095	1564650	149385	704350
湖北	381315	2984579	84697	582277
湖南	410127	2356742	97002	915926
广东	239755	3938403	173607	1299589
广西	353544	964857	122409	1035737
海南	6417	25362		42059
重庆	84439	1839696	74991	778231
四川	249336	2546886	109531	1149459
贵州	45418	401709	34376	334484
云南	140124	580656	34104	418945
西藏	1298	9736	968	39113
陕西	573594	1713145	19174	697466
甘肃	27770	277081	88748	324383
青海	12155	16192	830	46351
宁夏	14413	253573	8221	172109
新疆	56527	654641	26955	287687

3–22 各地区地方建筑业企业主要生产效益指标

地区	建筑业企业个数(个)	从事建筑业活动的平均人数(人)	按总产值计算的劳动生产率(元/人)	人均竣工产值(元/人)	人均施工面积(平方米/人)	人均竣工面积(平方米/人)
全国总计	**115480**	**55256354**	**379725**	**192310**	**218.7**	**63.9**
北京	2352	910758	510039	253712	242.7	34.0
天津	1873	597951	289832	101694	89.0	22.0
河北	2897	893578	508329	211031	356.0	78.1
山西	3307	871564	427437	171093	186.4	40.7
内蒙古	1007	232924	408291	200109	180.0	58.3
辽宁	5559	666276	399032	192668	160.3	55.3
吉林	2485	357275	506955	290320	231.3	80.8
黑龙江	2221	318912	334487	135108	101.4	28.9
上海	2307	942968	508877	306189	335.5	62.9
江苏	10955	9529899	351803	261598	273.1	80.9
浙江	7984	5780839	357044	189570	312.2	70.5
安徽	5661	1919145	395185	166622	215.9	72.4
福建	6743	4538198	278917	124687	163.1	38.2
江西	3727	1745833	458160	215241	193.9	79.4
山东	8024	2768316	430763	201981	262.0	71.3
河南	7358	2726182	381156	184266	176.5	64.1
湖北	4569	1733454	522953	260869	255.4	117.1
湖南	3300	2605804	354212	182651	176.0	70.1
广东	7497	3014497	442011	176886	211.4	56.2
广西	1888	1415804	378879	172636	199.2	58.3
海南	247	77891	469852	227809	231.2	38.2
重庆	3307	2313914	338635	147721	152.3	58.9
四川	7029	4225894	334107	146480	147.0	51.7
贵州	1750	761586	420456	159410	207.3	48.0
云南	3431	1741042	346215	128571	112.0	35.7
西藏	392	56524	449675	149241	81.2	33.4
陕西	3339	1218002	457903	184987	220.0	53.7
甘肃	1809	492740	372720	145777	211.8	48.3
青海	375	78232	362121	161572	93.3	39.6
宁夏	648	196425	278091	143561	102.1	37.3
新疆	1439	523927	407444	187905	139.7	67.3

3–23 各地区地方建筑业企业资产构成

单位：万元

地 区	资产总计	#流动资产合计	#存货
全国总计	**2048054734**	**1682424765**	**310161749**
北 京	87225407	71352716	10255166
天 津	31243745	27711213	3626767
河 北	56927745	47596124	9008259
山 西	51588186	37868361	6278924
内蒙古	20818151	16428634	2365382
辽 宁	50266633	41482538	6246978
吉 林	27748974	22655869	2994939
黑龙江	19805150	16621847	2229732
上 海	75617902	67065503	10263777
江 苏	228692155	193977078	43170086
浙 江	154159199	129992297	28428847
安 徽	65247732	52877845	8389770
福 建	70806031	58921575	11498357
江 西	53199052	43179027	11029981
山 东	137987402	115383047	25734073
河 南	87868029	69991713	12551611
湖 北	73491706	60094218	12239490
湖 南	52833424	40511523	6915110
广 东	176374964	153031232	22034800
广 西	35352325	30300136	4809566
海 南	4411278	3791770	306530
重 庆	59579272	48422938	10769419
四 川	133094066	102288926	22586422
贵 州	66855781	55058299	8348247
云 南	77617957	52261793	7810976
西 藏	6187945	5050948	536793
陕 西	68017287	58826413	9379795
甘 肃	32473471	24313602	4785977
青 海	4698969	3793914	598190
宁 夏	7284874	6428575	1196044
新 疆	30579922	25145092	3771745

3-24 各地区地方建筑业企业固定资产情况

单位：万元

地区	固定资产原价	累计折旧	#本年折旧	在建工程
全国总计	**163541659**	**72231668**	**10535309**	**32322703**
北京	4338569	2327313	327655	369480
天津	2299703	1256944	103163	247467
河北	5295156	2400940	272218	1035845
山西	3694550	1703694	243466	999400
内蒙古	2332863	1147261	155868	311116
辽宁	5268997	2661212	259977	472506
吉林	3175359	1079919	136090	586941
黑龙江	2005217	959753	130873	164327
上海	4816891	2697130	327053	276649
江苏	22174467	9777242	1529069	2815800
浙江	13538617	6442920	863088	1188821
安徽	5524353	2360165	342496	968612
福建	6850430	2999595	472591	687536
江西	4349037	1725089	278914	1104690
山东	12596015	5454409	782089	1834238
河南	10425295	4017290	791132	1984509
湖北	7428189	3364317	564182	3112055
湖南	6158641	2459404	328941	1831545
广东	8602268	3966733	577893	2175560
广西	1968312	842010	168933	509844
海南	166526	89261	12687	54972
重庆	3607262	1507345	254581	1185931
四川	8728164	3746825	554874	4005963
贵州	1692198	603474	90378	1796538
云南	4824431	2039733	313762	570862
西藏	325122	100595	17507	92108
陕西	4018751	1767182	268097	638799
甘肃	3301243	905698	135919	484987
青海	505997	246324	24733	76981
宁夏	673816	318578	43799	39218
新疆	2855223	1263313	163282	699405

3-25 各地区地方建筑业企业负债及所有者权益

单位：万元

地　区	负债合计	#流动负债	#应付账款	所有者权益	#实收资本
全国总计	**1393612828**	**1257514043**	**481296106**	**654465529**	**352660659**
北　京	68267870	60127378	23719658	18957578	11283607
天　津	24165384	22498397	9962365	7078361	4705915
河　北	40625324	37068052	16544832	16302723	11405224
山　西	36346874	31679281	13560556	15241311	9494891
内蒙古	14356874	13725670	4918395	6461277	4076682
辽　宁	35057143	31540972	10034292	15206902	9019447
吉　林	18375245	17208612	5686987	9373730	4909081
黑龙江	13021472	12354195	4582050	6783677	4764857
上　海	58909538	56917737	26177073	16708364	9106064
江　苏	133314011	124604576	47423367	95378284	38234525
浙　江	104289006	100034089	39448102	49870193	26505973
安　徽	43566969	37643382	13113177	21681893	11139790
福　建	41287497	37429649	10269246	29518590	16932288
江　西	32830623	29116451	11029571	20368429	12107125
山　东	101928273	94566292	37294444	36059129	19886871
河　南	54159745	48304063	14695144	33708284	20307221
湖　北	43760639	37049341	15935473	29731429	13874028
湖　南	31590410	26517291	9111718	21243014	11250489
广　东	129529400	119249033	37510889	46845642	24945680
广　西	25754877	23455415	9918972	9616715	5751174
海　南	2700467	2576328	926930	1710812	913526
重　庆	41427101	35381049	13953979	18150904	8961149
四　川	92836638	77769352	31446192	40263588	23000929
贵　州	50103584	41305341	14948679	16752197	5494223
云　南	48499484	41396897	16048852	29118473	19569138
西　藏	3999075	3480494	1005607	2188870	745965
陕　西	50250520	47088748	23240347	17766767	12124385
甘　肃	22027495	19375463	7647311	10445976	5104330
青　海	3055097	2820088	1096104	1643871	1369501
宁　夏	5113235	4957683	2191553	2171639	1527658
新　疆	22462959	20272726	7854244	8116909	4148924

3-26 各地区地方建筑业企业收入情况

单位：万元

地区	主营业务收入	主营业务成本	主营业务税金及附加	其他业务收入	其他业务利润
全国总计	**1840347214**	**1683328891**	**15393341**	**32188775**	**1543745**
北京	52047550	47455733	173232	517944	126446
天津	18930166	17265858	72073	499955	16591
河北	41056154	38366769	290547	1933058	40370
山西	35807950	32572402	155413	597977	62657
内蒙古	11014024	10117301	76680	199105	31847
辽宁	26624057	24274196	213895	1593329	24624
吉林	16906944	15270470	149773	399173	14736
黑龙江	11577619	10772412	86337	308825	6377
上海	63269602	58838449	167907	400182	77610
江苏	289420781	264899908	2094759	1710812	211014
浙江	172654378	161149257	796559	1424741	168103
安徽	57703257	52559069	433637	1622122	33790
福建	101241679	92177366	1279183	1453924	46627
江西	58208149	53242220	690770	1634495	43462
山东	111175487	101912271	759443	593577	99657
河南	83365766	73503338	1473191	2824913	76142
湖北	76812005	68981081	1081842	1389846	21105
湖南	76385533	68910044	1301339	655381	34586
广东	142479970	130606047	745256	1101772	111290
广西	36754100	34295118	198283	585388	9744
海南	3891694	3619253	23887	58641	1654
重庆	60963710	54709309	681133	1396927	46020
四川	113445501	102686700	1136210	3188396	68349
贵州	29650429	27408436	157789	693991	22212
云南	47789675	43487816	448083	1207702	52284
西藏	3101171	2752557	21352	51111	828
陕西	49521290	45714489	407436	2750836	31398
甘肃	18204487	17409292	126692	878551	22382
青海	3224632	3006594	21953	224764	3887
宁夏	5912899	5541266	30087	40585	8397
新疆	21206555	19823872	98600	250752	29559

3-27 各地区地方建筑业企业费用情况

单位：万元

地　区	管理费用	销售费用	研发费用	财务费用		
					#利息收入	#利息支出
全国总计	**59147235**	**6482616**	**11414743**	**13348972**	**2612225**	**10180138**
北　京	2360208	357170	670533	336099	245981	512888
天　津	946554	91252	198708	225478	19672	193782
河　北	1287786	60551	232492	394155	62666	262731
山　西	1595298	83098	599516	363327	366697	362058
内蒙古	485018	11080	37832	127491	5655	112410
辽　宁	1400664	91237	93355	342482	21464	174194
吉　林	656331	36384	45362	184287	7748	111337
黑龙江	601405	24656	52921	76770	17747	68374
上　海	1985939	193360	1177574	148403	65471	182180
江　苏	7817253	1020439	806555	1768978	247132	1288537
浙　江	4560737	387255	1100470	892498	199018	857314
安　徽	2051065	301651	346326	551130	89974	389698
福　建	3055428	301104	247635	394834	39245	243794
江　西	1635623	160269	372851	342901	13720	215057
山　东	3781895	255257	765589	966900	89945	646589
河　南	3072571	470480	412008	695404	82257	393189
湖　北	2471722	430816	338071	494435	39598	260858
湖　南	2534722	310643	806907	387942	83274	286891
广　东	4651367	560943	1485663	1278072	207862	950998
广　西	1020442	38185	272694	236279	43084	173020
海　南	102274	5448	1852	12249	314	9100
重　庆	1968966	248203	127366	543944	58320	374107
四　川	3608775	602150	586766	1035277	183227	682988
贵　州	735538	42332	130825	360525	23968	239806
云　南	1379204	170141	134186	565340	67204	522677
西　藏	109925	8130	4321	17487	11436	21912
陕　西	1637013	127967	274145	183612	178192	235374
甘　肃	630987	57600	45050	198851	112281	210400
青　海	137796	2820	6525	21344	-1295	12917
宁　夏	206128	10147	7184	28949	1856	15331
新　疆	658602	21851	33461	173530	28513	169629

3-28 各地区地方建筑业企业利润及税金情况

单位：万元

地 区	利润总额	所得税费用	税金总额	主营业务税金及附加	应交增值税
全国总计	**63466233**	**13631721**	**62113079**	**15393341**	**46719739**
北 京	1232743	198693	1133139	173232	959908
天 津	221579	126476	455521	72073	383449
河 北	993470	243908	1141607	290547	851060
山 西	906019	141035	1149181	155413	993768
内 蒙 古	218649	80286	388840	76680	312160
辽 宁	563436	201464	901751	213895	687857
吉 林	638482	170791	676696	149773	526923
黑 龙 江	223805	63663	422499	86337	336162
上 海	1130704	207952	1194380	167907	1026473
江 苏	12686056	2766249	10065276	2094759	7970517
浙 江	4251067	949550	4951315	796559	4154756
安 徽	1933256	350220	1902485	433637	1468848
福 建	3933679	1057578	3741147	1279183	2461964
江 西	2330747	471637	2044051	690770	1353281
山 东	3243510	681743	3257002	759443	2497559
河 南	4792560	781982	4104423	1473191	2631231
湖 北	3583490	873731	3362994	1081842	2281152
湖 南	2638913	504136	3359287	1301339	2057949
广 东	3815097	915217	4195262	745256	3450007
广 西	836209	202310	1048330	198283	850047
海 南	137751	68507	195740	23887	171853
重 庆	2855744	481365	2478413	681133	1797280
四 川	4524181	834261	3900381	1136210	2764172
贵 州	1088703	258265	895316	157789	737527
云 南	2011755	438050	1772870	448083	1324787
西 藏	181265	28572	99302	21352	77949
陕 西	1440925	257508	1691952	407436	1284516
甘 肃	467416	108678	649065	126692	522373
青 海	54182	14585	99806	21953	77853
宁 夏	119397	27060	199611	30087	169524
新 疆	411444	126250	635438	98600	536837

3-29 各地区地方建筑业企业应收工程款及企业亏损情况

地　区	应收工程款(万元)	企业个数(个)	#亏损企业个数	亏损企业的比重(%)
全国总计	**525492943**	**115480**	**22153**	**19.2**
北　京	19175723	2352	724	30.8
天　津	9003113	1873	479	25.6
河　北	15764349	2897	545	18.8
山　西	14368926	3307	794	24.0
内蒙古	6209662	1007	259	25.7
辽　宁	14575298	5559	1699	30.6
吉　林	9980636	2485	520	20.9
黑龙江	5411346	2221	614	27.7
上　海	17068276	2307	562	24.4
江　苏	64415085	10955	941	8.6
浙　江	35560931	7984	1979	24.8
安　徽	16596538	5661	924	16.3
福　建	16483397	6743	866	12.8
江　西	12438948	3727	370	9.9
山　东	40109771	8024	1727	21.5
河　南	20303674	7358	943	12.8
湖　北	20034555	4569	764	16.7
湖　南	12978853	3300	355	10.8
广　东	42986255	7497	1503	20.1
广　西	9556189	1888	498	26.4
海　南	1059182	247	49	19.8
重　庆	16218077	3307	555	16.8
四　川	27032157	7029	908	12.9
贵　州	15303947	1750	480	27.4
云　南	16885859	3431	924	26.9
西　藏	1490536	392	59	15.1
陕　西	22605053	3339	687	20.6
甘　肃	8010376	1809	574	31.7
青　海	956556	375	120	32.0
宁　夏	2874779	648	227	35.0
新　疆	10034896	1439	504	35.0

3-30 各地区地方建筑业企业主要经济效益指标

地　区	产值利润率 (%)	产值利税率 (%)	资本利润率 (%)	资本利税率 (%)	人均利润 (元/人)	人均利税 (元/人)	资产负债率 (%)
全国总计	**3.0**	**6.0**	**18.0**	**35.6**	**11486**	**22727**	**68.0**
北　京	2.7	5.1	10.9	21.0	13535	25977	78.3
天　津	1.3	3.9	4.7	14.4	3706	11324	77.3
河　北	2.2	4.7	8.7	18.7	11118	23894	71.4
山　西	2.4	5.5	9.5	21.6	10395	23581	70.5
内蒙古	2.3	6.4	5.4	14.9	9387	26081	69.0
辽　宁	2.1	5.5	6.2	16.2	8456	21991	69.7
吉　林	3.5	7.3	13.0	26.8	17871	36811	66.2
黑龙江	2.1	6.1	4.7	13.6	7018	20266	65.7
上　海	2.4	4.8	12.4	25.5	11991	24657	77.9
江　苏	3.8	6.8	33.2	59.5	13312	23874	58.3
浙　江	2.1	4.5	16.0	34.7	7354	15919	67.7
安　徽	2.5	5.1	17.4	34.4	10074	19987	66.8
福　建	3.1	6.1	23.2	45.3	8668	16912	58.3
江　西	2.9	5.5	19.3	36.1	13350	25059	61.7
山　东	2.7	5.5	16.3	32.7	11717	23482	73.9
河　南	4.6	8.6	23.6	43.8	17580	32635	61.6
湖　北	4.0	7.7	25.8	50.1	20673	40073	59.5
湖　南	2.9	6.5	23.5	53.3	10127	23019	59.8
广　东	2.9	6.0	15.3	32.1	12656	26573	73.4
广　西	1.6	3.5	14.5	32.8	5906	13311	72.9
海　南	3.8	9.1	15.1	36.5	17685	42815	61.2
重　庆	3.6	6.8	31.9	59.5	12342	23053	69.5
四　川	3.2	6.0	19.7	36.6	10706	19936	69.8
贵　州	3.4	6.2	19.8	36.1	14295	26051	74.9
云　南	3.3	6.3	10.3	19.3	11555	21738	62.5
西　藏	7.1	11.0	24.3	37.6	32069	49637	64.6
陕　西	2.6	5.6	11.9	25.8	11830	25721	73.9
甘　肃	2.5	6.1	9.2	21.9	9486	22659	67.8
青　海	1.9	5.4	4.0	11.2	6926	19684	65.0
宁　夏	2.2	5.8	7.8	20.9	6079	16241	70.2
新　疆	1.9	4.9	9.9	25.2	7853	19981	73.5

四、按资质等级分组的建筑业企业

4-1 各地区总承包建筑业企业签订合同情况

单位：万元

地 区	签订合同额	上年结转合同额	本年新签合同额
全国总计	**5579357504**	**2583022871**	**2996334633**
北 京	397189223	216062430	181126793
天 津	125069457	65240858	59828599
河 北	136659342	62318518	74340824
山 西	114885064	43552274	71332791
内蒙古	34402383	15831084	18571299
辽 宁	69063765	25276269	43787496
吉 林	37808288	14316151	23492136
黑龙江	23702734	10303537	13399197
上 海	287899977	161226767	126673210
江 苏	532655999	221477179	311178820
浙 江	410135803	203072889	207062913
安 徽	190719835	79959965	110759870
福 建	261889101	117774655	144114447
江 西	134174709	50893420	83281289
山 东	274259091	109364884	164894207
河 南	241211839	96286511	144925328
湖 北	423256289	210475675	212780614
湖 南	237296798	109313987	127982812
广 东	455342121	237654663	217687458
广 西	112569678	52174706	60394972
海 南	10257481	5374778	4882702
重 庆	154661029	68495227	86165802
四 川	345708027	156176899	189531128
贵 州	113780680	59856405	53924275
云 南	130896498	55569986	75326512
西 藏	6369182	3129989	3239194
陕 西	191064322	81557365	109506957
甘 肃	45505167	19171594	26333573
青 海	14018692	7851602	6167090
宁 夏	10282196	3178879	7103318
新 疆	56622737	20083726	36539011

4−2 各地区总承包建筑业企业承包工程完成情况

单位：万元

地　　区	直接从建设单位承揽工程完成的产值	自行完成施工产值	分包出去工程的产值	从建设单位以外承揽工程完成的产值
全国总计	**2368143700**	**2275661989**	**92481711**	**118261509**
北　京	123848934	98025065	25823869	16714234
天　津	37057409	34836402	2221007	2559370
河　北	54650634	53564295	1086339	2274486
山　西	46536113	46317534	218579	1369877
内蒙古	10872852	10811016	61835	100512
辽　宁	30182647	29396721	785926	2366201
吉　林	17228373	17014124	214248	623495
黑龙江	10616061	10384998	231062	284559
上　海	81048242	63251046	17797197	9563755
江　苏	299853538	298348724	1504814	17556464
浙　江	184975331	180615090	4360242	7103580
安　徽	82035979	80800070	1235909	2868251
福　建	126287551	125947909	339641	3911620
江　西	80018811	78845314	1173497	3282561
山　东	133853905	132421286	1432620	4489413
河　南	115173265	114052390	1120875	3240707
湖　北	152889263	152062946	826317	1840217
湖　南	107108323	106451832	656490	3323513
广　东	158456467	140709383	17747085	8571046
广　西	55087635	54668028	419607	1917275
海　南	3542580	3524025	18555	14602
重　庆	81458991	79090970	2368021	3260705
四　川	141115582	136709357	4406226	8611694
贵　州	38612255	38380044	232211	801057
云　南	60155364	59428227	727137	3105844
西　藏	2847607	2796095	51512	68330
陕　西	77127362	72354298	4773064	7202580
甘　肃	19598966	19220454	378512	228334
青　海	4277500	4197502	79998	644790
宁　夏	6097700	5992645	105055	51272
新　疆	25528463	25444201	84262	311169

4-3 各地区总承包企业建筑业总产值和竣工产值

单位：万元

地区	建筑业总产值	#装饰装修产值	#在外省完成的产值	按构成分组			竣工产值
				建筑工程产值	安装工程产值	其他产值	
全国总计	**2393923498**	**54289479**	**840383506**	**2152516916**	**163671009**	**77735573**	**1112471909**
北京	114739299	5167293	89496819	109684980	4108282	946037	43713598
天津	37395772	123820	26892966	34664962	2262061	468750	10591858
河北	55838781	1202949	19252478	45741996	6469025	3627760	21277059
山西	47687411	871423	15890447	41552994	4501608	1632809	17132841
内蒙古	10911528	202463	2733053	9526036	414146	971347	4524910
辽宁	31762922	330571	11137802	27436261	3170793	1155868	16250097
吉林	17637619	296327	3061713	15204805	1360479	1072335	9382383
黑龙江	10669557	89298	2039296	8654275	1508108	507174	4169634
上海	72814801	3537115	45411333	63108043	7428848	2277910	34798278
江苏	315905188	5025703	151000310	297504695	14912085	3488408	229500321
浙江	187718670	7181209	62751489	170735128	13060961	3922581	100246414
安徽	83668321	1103640	21915874	73794188	4328404	5545729	30026970
福建	129859529	2249784	60006221	121562672	6783370	1513487	56257876
江西	82127875	2022394	25359170	71202274	5587617	5337984	36992432
山东	136910699	3558936	30215347	117949044	16514237	2447417	58318598
河南	117293096	2326524	26831876	103213060	9342723	4737314	54072061
湖北	153903163	3773432	66936664	138060527	10804492	5038144	66724530
湖南	109775345	2606818	36355338	95747776	7149991	6877578	51838708
广东	149280429	3355123	33286487	136987427	8837287	3455715	53885575
广西	56585303	1008691	9702587	48825872	4092398	3667033	25599275
海南	3538626	116266	139593	3187676	189247	161704	1715816
重庆	82351675	1568375	17590171	76285918	3998787	2066970	34704320
四川	145321051	3153961	26265547	128513492	10691675	6115884	62809558
贵州	39181101	475823	10665842	33452251	3519974	2208876	13756157
云南	62534071	474504	4879589	57679000	2563850	2291220	20775822
西藏	2864424	96964	82393	2728170	64087	72168	987683
陕西	79556877	1910720	29360682	70928656	5488857	3139365	29480998
甘肃	19448788	153421	3541798	16809303	2058774	580711	7090572
青海	4842292	5354	2220786	4436915	304100	101277	1873682
宁夏	6043917	40573	955795	5243140	677944	122834	3030258
新疆	25755369	260007	4404041	22095381	1476802	2183187	10943631

4-4 各地区总承包建筑业企业房屋建筑面积

单位：万平方米、%

地区	房屋施工面积	#本年新开工	房屋竣工面积	房屋竣工率
全国总计	**1467738**	**499732**	**372444**	**25.4**
北京	88060	23450	9497	10.8
天津	14328	3695	1974	13.8
河北	34832	11653	7206	20.7
山西	19688	6861	4819	24.5
内蒙古	7013	3087	1411	20.1
辽宁	15942	5263	3868	24.3
吉林	8144	4191	2660	32.7
黑龙江	3180	1568	887	27.9
上海	53449	13353	7970	14.9
江苏	265247	92280	77204	29.1
浙江	176508	52393	39043	22.1
安徽	47970	16538	13687	28.5
福建	80707	25964	17523	21.7
江西	33529	16104	13462	40.1
山东	84359	31147	20427	24.2
河南	64945	22436	18884	29.1
湖北	84278	31971	26202	31.1
湖南	67073	25538	20590	30.7
广东	88917	28200	18418	20.7
广西	28614	8415	8208	28.7
海南	1786	452	299	16.7
重庆	35962	14010	12545	34.9
四川	65789	27081	21569	32.8
贵州	16812	5931	3851	22.9
云南	19550	7280	5850	29.9
西藏	463	237	200	43.1
陕西	36948	10510	6981	18.9
甘肃	10852	3795	2363	21.8
青海	925	327	354	38.3
宁夏	2065	998	728	35.3
新疆	9804	5003	3766	38.4

4-5 各地区按主要用途分的总承包建筑业企业房屋竣工面积

单位：万平方米

地　区	总计	住宅房屋	商业及服务用房屋	办公用房　屋	科研、教育和医疗用房屋
全国总计	**372444**	**253181**	**24640**	**15835**	**17699**
北　京	9497	5836	1549	514	511
天　津	1974	1263	82	66	131
河　北	7206	5117	397	229	395
山　西	4819	2959	469	193	358
内蒙古	1411	1085	61	50	68
辽　宁	3868	2831	216	97	72
吉　林	2660	2136	80	91	71
黑龙江	887	673	28	14	36
上　海	7970	4844	1067	411	277
江　苏	77204	56755	2463	2978	2379
浙　江	39043	22400	2489	1958	1434
安　徽	13687	9332	733	454	486
福　建	17523	12576	1093	662	513
江　西	13462	8247	1176	782	703
山　东	20427	14123	1018	1194	1334
河　南	18884	13739	1417	827	1052
湖　北	26202	17774	2258	1100	1593
湖　南	20590	13910	1547	942	1372
广　东	18418	12552	815	609	726
广　西	8208	4931	564	463	1013
海　南	299	164	63	12	26
重　庆	12545	9271	697	527	409
四　川	21569	15641	1545	586	862
贵　州	3851	2744	300	120	317
云　南	5850	3856	527	388	429
西　藏	200	152	8	9	9
陕　西	6981	4722	367	273	624
甘　肃	2363	1533	139	92	225
青　海	354	217	20	26	29
宁　夏	728	335	81	22	61
新　疆	3766	1462	1371	147	184

4—5 续表1

单位：万平方米

地　　区	文化、体育和娱乐用房屋	厂房及建筑物	仓　库	其他未列明的房屋建筑物
全国总计	**3511**	**44951**	**2574**	**10053**
北　京	155	576	25	331
天　津	16	240	32	145
河　北	73	730	39	226
山　西	117	312	26	385
内蒙古	13	89	6	38
辽　宁	10	536	32	73
吉　林	10	196	4	72
黑龙江	3	92	5	36
上　海	166	863	152	191
江　苏	521	10524	428	1155
浙　江	319	9041	739	663
安　徽	43	2189	51	400
福　建	87	2409	55	127
江　西	169	1939	101	345
山　东	228	1986	99	444
河　南	169	1225	111	344
湖　北	285	2339	98	755
湖　南	240	1780	170	629
广　东	120	2597	75	925
广　西	147	679	72	341
海　南	3	13		17
重　庆	65	1060	42	474
四　川	296	1819	125	695
贵　州	26	181	12	151
云　南	59	288	17	286
西　藏	1	5		16
陕　西	99	584	11	301
甘　肃	14	144	25	191
青　海	23	11	1	27
宁　夏	4	134	4	87
新　疆	30	371	15	186

4-6 各地区按主要用途分的总承包建筑业企业房屋竣工价值

单位：万元

地区	总计	住宅房屋	商业及服务用房屋	办公用房屋	科研、教育和医疗用房屋
全国总计	**706871071**	**469471211**	**49049073**	**34026479**	**42684203**
北京	26185136	14343094	4562772	2155989	1856685
天津	4763521	2926582	177575	205707	445544
河北	12196644	8348099	624431	401069	827894
山西	7955818	5056764	537533	337711	574593
内蒙古	2377697	1718951	116189	106204	172539
辽宁	6445940	4700008	402292	196805	106073
吉林	4660216	3539197	160937	199682	196552
黑龙江	1426393	1061763	70478	25038	96438
上海	19237276	10286807	3241369	1069479	1044493
江苏	164670870	121412678	5199312	7107765	6446377
浙江	72690107	42536009	5628619	4146607	3865017
安徽	20395072	14189701	1182492	657010	784009
福建	35347768	25878810	2306648	1143837	1349245
江西	22788261	13119804	2372105	1674771	1446565
山东	39178120	25373996	2054340	2948794	2988477
河南	31071268	21784199	3028359	1395024	1785926
湖北	44755414	28031857	4227288	2294994	3300055
湖南	33599799	21607483	2456520	1620245	2858607
广东	34124164	23179938	1870978	1166538	1793331
广西	16280104	9385923	1152113	968059	2296300
海南	777873	410081	189845	27343	77867
重庆	20911033	15010708	1427170	778961	968927
四川	38059093	27565784	2732215	1021883	2197463
贵州	7574723	4997300	566341	250945	742834
云南	11698841	7731662	1141274	726860	988458
西藏	495310	378525	22796	19920	26822
陕西	16050344	8801650	790945	701701	2145627
甘肃	4312454	2697958	243460	177391	500607
青海	748282	484734	49210	63132	75928
宁夏	1455590	523841	177380	64032	216088
新疆	4637940	2387306	336087	372982	508867

4-6 续表1

单位：万元

地区	文化、体育和娱乐用房屋	厂房及建筑物	仓库	其他未列明的房屋建筑物
全国总计	**9046741**	**75575662**	**4706860**	**22310844**
北京	593193	1352487	53122	1267794
天津	27910	540165	94706	345332
河北	207732	1196868	65439	525112
山西	228514	735192	30473	455039
内蒙古	59599	124658	9635	69923
辽宁	22684	827527	54954	135598
吉林	36506	384399	7120	135824
黑龙江	5244	118785	6440	42207
上海	499264	2130447	274888	690530
江苏	1573862	19478278	801867	2650732
浙江	809721	12875721	1345121	1483292
安徽	145439	2679383	76100	680938
福建	179361	4093914	112980	282974
江西	293281	3171339	209210	501187
山东	852838	3650368	147163	1162146
河南	402296	1724960	144262	806242
湖北	673486	3442540	140653	2644542
湖南	486543	3091660	400243	1078498
广东	268577	4169540	180712	1494551
广西	353544	973317	125893	1024955
海南	6417	24261		42059
重庆	83674	1793086	74297	774211
四川	317361	2964416	141587	1118385
贵州	48732	537864	34367	396339
云南	130430	544084	29350	406722
西藏	1298	9736	968	35245
陕西	624516	1728953	18612	1238340
甘肃	29411	272385	88748	302495
青海	12155	16511	830	45782
宁夏	13404	280838	8221	171787
新疆	59750	641983	28902	302064

4-7 各地区总承包建筑业企业主要生产效益指标

地区	建筑业企业个数(个)	从事建筑业活动的平均人数(人)	按总产值计算的劳动生产率(元/人)	人均竣工产值(元/人)	人均施工面积(平方米/人)	人均竣工面积(平方米/人)
全国总计	**82043**	**55519185**	**431189**	**200376**	**264.4**	**67.1**
北京	898	1814255	632432	240945	485.4	52.3
天津	747	771612	484645	137269	185.7	25.6
河北	2236	908307	614757	234250	383.5	79.3
山西	2090	1121044	425384	152829	175.6	43.0
内蒙古	883	225401	484094	200749	311.1	62.6
辽宁	3084	625269	507988	259890	255.0	61.9
吉林	1692	317267	555924	295725	256.7	83.9
黑龙江	1633	316039	337603	131934	100.6	28.1
上海	1289	1078452	675179	322669	495.6	73.9
江苏	7181	8592971	367632	267079	308.7	89.8
浙江	5876	5238585	358339	191362	336.9	74.5
安徽	4348	1784747	468797	168242	268.8	76.7
福建	5099	4540426	286007	123904	177.8	38.6
江西	3288	1688647	486353	219066	198.6	79.7
山东	5604	2753190	497280	211822	306.4	74.2
河南	4793	2741626	427823	197226	236.9	68.9
湖北	3497	2000672	769257	333511	421.2	131.0
湖南	2617	2762798	397334	187631	242.8	74.5
广东	4361	2892971	516011	186264	307.4	63.7
广西	1642	1412859	400502	181188	202.5	58.1
海南	193	71270	496510	240749	250.7	41.9
重庆	2270	2108512	390568	164592	170.6	59.5
四川	5777	4210494	345140	149174	156.2	51.2
贵州	1514	902408	434184	152438	186.3	42.7
云南	2674	1598744	391145	129951	122.3	36.6
西藏	379	60783	471254	162493	76.1	32.8
陕西	2792	1562749	509083	188648	236.4	44.7
甘肃	1539	510413	381040	138918	212.6	46.3
青海	296	89332	542056	209744	103.5	39.6
宁夏	534	201274	300283	150554	102.6	36.2
新疆	1217	616068	418060	177637	159.1	61.1

4-8 各地区总承包建筑业企业资产构成

单位：万元

地区	资产总计	#流动资产合计	#存货
全国总计	**2549069700**	**1977344034**	**314036954**
北京	294646072	173921259	12814678
天津	64703201	50275873	4057560
河北	67551140	56402478	9414066
山西	69616791	52229777	6304082
内蒙古	21777426	17472379	2659746
辽宁	52513143	43720729	5613277
吉林	25959136	21038710	2783623
黑龙江	20129674	17175011	2413336
上海	110938529	91906450	11048749
江苏	207348886	175776545	39940992
浙江	137626401	116024562	25670452
安徽	74565108	59832967	7515886
福建	71703870	59414847	10925786
江西	55877723	46264181	11041295
山东	150770980	125135497	25174816
河南	100828098	79628849	13079494
湖北	149508394	112290380	21232586
湖南	73621212	54421621	8436824
广东	205322759	162851946	20192669
广西	37296060	31956427	4898545
海南	4353821	3770565	259137
重庆	62706736	49973473	9939791
四川	139017315	105224345	21794228
贵州	74980091	61902552	8219085
云南	84715447	53898596	7477678
西藏	7496566	6044569	535085
陕西	95215456	79076835	9848124
甘肃	35808719	26992161	4698425
青海	7760203	5787179	771716
宁夏	7458592	6660173	1169010
新疆	37252154	30273100	4106213

4–9　各地区总承包建筑业企业固定资产情况

单位：万元

地　区	固定资产原价	累计折旧	#本年折旧	在建工程
全国总计	**183700456**	**86805295**	**11953696**	**31874717**
北　京	7974869	4365533	653131	506045
天　津	4889592	2667211	320706	253203
河　北	7275772	3780502	336459	1010908
山　西	4942916	2638404	399411	966833
内蒙古	2224250	1126668	151190	345255
辽　宁	5474506	2929924	282887	410247
吉　林	3078966	1039652	129131	523680
黑龙江	2285623	1213275	129960	157072
上　海	6530491	3744551	401151	378301
江　苏	19603382	8719523	1256832	2460912
浙　江	11502367	5529299	718718	1049708
安　徽	5634866	2533056	338788	838327
福　建	6395196	2813509	442571	631683
江　西	4512467	1922590	289777	909031
山　东	13091915	6166896	888640	1689501
河　南	11043693	4748744	836071	1976761
湖　北	13536073	6462557	966051	3931909
湖　南	6979320	2896687	467395	1831108
广　东	8904644	4504623	577486	2233615
广　西	2344130	1137444	169892	502106
海　南	109803	64123	8572	38672
重　庆	4188271	1963671	317134	1114001
四　川	8872106	3975807	543012	3665038
贵　州	1967789	836215	111437	1738748
云　南	4927703	2076354	310013	537902
西　藏	366241	122266	20174	81822
陕　西	7082301	3673082	512272	679861
甘　肃	3345004	971830	136773	467527
青　海	860061	426320	31605	97312
宁　夏	630831	308811	37926	30706
新　疆	3125309	1446169	168533	816925

4-10 各地区总承包建筑业企业负债及所有者权益

单位：万元

地区	负债合计	#流动负债	#应付账款	所有者权益	#实收资本
全国总计	**1795027789**	**1613292068**	**635066826**	**754067778**	**374357682**
北京	195261888	170362034	61597702	99384224	30421477
天津	52382959	48835249	20605472	12320241	7668933
河北	50211714	45511409	20130393	17339728	12001865
山西	52739042	47618855	20056164	16877749	10270198
内蒙古	15594414	14842295	5293183	6183012	4084152
辽宁	39298386	36680868	12481106	13213284	7408083
吉林	17672565	16476855	5704813	8286572	4354455
黑龙江	14665341	14004054	5421286	5464333	4534651
上海	87351903	84573315	38927008	23586626	12296911
江苏	124453412	116208885	42765155	82895474	32788594
浙江	93929968	89872602	35073888	43696433	23292662
安徽	53287757	47774364	18192997	21278482	11396808
福建	44363201	40270880	12765422	27340725	15202290
江西	36251203	32428774	12640674	19626520	11727663
山东	114679116	106766049	43365975	36091864	19624908
河南	67239760	60665195	20987646	33588339	18731265
湖北	101764660	86324257	38460097	47744096	18046280
湖南	49055202	41570453	17104046	24566009	12359044
广东	156880334	139667588	48368124	48442503	25197915
广西	27673729	25259870	10614521	9641598	5805050
海南	2525990	2429117	842592	1827832	1126611
重庆	44779610	38967825	15418044	17927126	9157480
四川	98813893	82806565	34549432	40209581	22903530
贵州	57139859	47909358	18015487	17840232	6378775
云南	54540929	44722637	17331813	30174518	19454545
西藏	5045060	4066465	1225501	2451506	945018
陕西	73199152	68640172	33528057	22016304	14343669
甘肃	25138081	22400643	9287039	10670638	5233249
青海	5377174	4835667	2020473	2383028	1541481
宁夏	5397084	5265626	2375195	2061508	1435066
新疆	28314405	25534143	9917521	8937695	4625057

4−11 各地区总承包建筑业企业收入情况

单位：万元

地　　区	主营业务收　　入	主营业务成　　本	主营业务税金及附加	其他业务收　　入	其他业务利　　润
全国总计	**2162456612**	**1994512691**	**15121512**	**31083605**	**1877861**
北　京	144968033	135447226	341655	722464	258615
天　津	37920389	35047404	86122	494543	33712
河　北	50279829	46808815	298768	1937606	63640
山　西	48765149	45072501	172228	590589	64305
内蒙古	12267148	11376115	77992	181872	33019
辽　宁	30484333	28206293	189875	1316281	33560
吉　林	16250909	14803051	139783	330175	15277
黑龙江	11632077	10966143	81583	247965	-2035
上　海	95660918	90066871	218403	372090	136058
江　苏	269429633	247915971	1929561	1498276	173956
浙　江	155916529	146241235	731457	1153746	135950
安　徽	65360739	60213390	400374	1426011	53696
福　建	102145991	93625474	1190079	1347272	52884
江　西	59703467	54861770	653010	1549744	43457
山　东	127213644	117508722	730463	641428	109289
河　南	99221639	89065321	1376188	2497904	91955
湖　北	138835603	125579094	1242747	1716627	60496
湖　南	93746736	85330903	1278853	460419	23755
广　东	155623686	144577873	687277	1192579	173059
广　西	37378600	34967860	198014	1018958	7151
海　南	3675974	3438562	22981	54681	1041
重　庆	63662300	57447842	662175	1322182	47732
四　川	118431337	107658615	1084436	2917157	71305
贵　州	37523573	35008823	158607	678442	26986
云　南	50143991	45589153	429835	1031022	55646
西　藏	3443951	3069542	21294	51697	825
陕　西	74526420	69561356	424835	2900826	48253
甘　肃	20302108	19563313	123811	882241	22354
青　海	5826595	5395366	25746	257119	707
宁　夏	6441837	6052850	30727	41397	8221
新　疆	25673475	24045239	112636	250291	32992

4-12 各地区总承包建筑业企业费用情况

单位：万元

地区	管理费用	销售费用	研发费用	财务费用	#利息收入	#利息支出
全国总计	**57103846**	**4856978**	**21233636**	**14635686**	**5470176**	**13902875**
北京	3127086	151528	2773073	614708	1428351	2083122
天津	1020259	56026	928379	493825	228566	445823
河北	1499573	84945	518869	473788	74574	345157
山西	1600607	61708	999183	378827	461084	445778
内蒙古	451214	11815	42384	144414	7566	129430
辽宁	1123294	38135	271391	373678	49944	251427
吉林	523544	25053	70589	173556	8649	106936
黑龙江	537972	20438	54743	76448	10291	61090
上海	2042617	144896	1966635	296948	282583	385445
江苏	6554387	760246	819824	1649342	259295	1230292
浙江	3589803	203888	945051	767350	192301	746214
安徽	1828766	163703	671466	512870	130698	397283
福建	2689663	199405	399681	402747	43854	251958
江西	1609714	142522	433312	348169	25615	234438
山东	3532045	188121	1307224	983315	172849	745350
河南	2852512	371117	893119	759213	141425	465106
湖北	3872176	479608	1778186	760749	263155	671915
湖南	2589803	275912	1325059	532570	171850	469718
广东	3520561	250243	2001243	1208536	428556	1182966
广西	1027100	36663	302499	252523	46322	197208
海南	77726	3298	2473	11490	576	9269
重庆	1786078	225505	331965	590556	80818	417107
四川	3835164	542226	857878	1022285	281652	714714
贵州	812415	39975	213708	417083	81227	336358
云南	1280546	138091	257547	622930	94411	614285
西藏	114391	7986	4876	22279	24648	39711
陕西	1897830	144861	745670	272544	288627	396952
甘肃	609696	58931	72103	171387	143673	228636
青海	192314	1473	86515	42588	1988	45959
宁夏	194988	9552	25691	29919	1685	17044
新疆	710008	19110	133300	229052	43346	236185

4-13 各地区总承包建筑业企业利润及税金情况

单位：万元

地区	利润总额	#所得税费用	税金总额	主营业务税金及附加	应交增值税
全国总计	**76022683**	**14366869**	**62435936**	**15121512**	**47314424**
北京	10096508	641964	2105889	341655	1764234
天津	462929	132012	599261	86122	513139
河北	1177830	289979	1293940	298768	995172
山西	1072747	141287	1195785	172228	1023557
内蒙古	220587	77499	387994	77992	310002
辽宁	492085	180948	893913	189875	704039
吉林	574101	158071	637467	139783	497684
黑龙江	144697	56918	408259	81583	326676
上海	1901482	297788	1336607	218403	1118203
江苏	11498172	2550444	9155707	1929561	7226146
浙江	3660899	850534	4516745	731457	3785288
安徽	2078470	353828	1867707	400374	1467334
福建	3790787	1011836	3490939	1190079	2300860
江西	2223931	454078	1996786	653010	1343775
山东	3530503	671366	3189488	730463	2459025
河南	4670190	794711	4010377	1376188	2634190
湖北	5668138	1266115	4235324	1242747	2992577
湖南	3068321	527080	3471678	1278853	2192825
广东	4331299	971274	3769341	687277	3082064
广西	828904	200516	1064079	198014	866065
海南	129388	64325	182244	22981	159262
重庆	2859381	468941	2373564	662175	1711389
四川	4597377	837066	3821580	1084436	2737144
贵州	1299986	277621	924629	158607	766022
云南	2161661	458373	1898864	429835	1469029
西藏	181115	27596	107997	21294	86703
陕西	2077707	313728	1850056	424835	1425222
甘肃	467773	102888	637890	123811	514080
青海	104805	16374	105598	25746	79853
宁夏	124425	28243	200085	30727	169357
新疆	526488	143468	706145	112636	593509

4-14 各地区总承包建筑业企业应收工程款及企业亏损情况

地区	应收工程款(万元)	企业个数(个)	#亏损企业个数	亏损企业的重(%)
全国总计	**554669657**	**82043**	**14838**	**18.1**
北京	34115399	898	229	25.5
天津	12695074	747	189	25.3
河北	16764057	2236	419	18.7
山西	17859232	2090	451	21.6
内蒙古	6379729	883	229	25.9
辽宁	14176966	3084	890	28.9
吉林	9149462	1692	329	19.4
黑龙江	5463502	1633	445	27.3
上海	20891235	1289	275	21.3
江苏	54709434	7181	511	7.1
浙江	29665739	5876	1483	25.2
安徽	19004301	4348	714	16.4
福建	15123674	5099	596	11.7
江西	13167120	3288	319	9.7
山东	39026466	5604	1265	22.6
河南	20637251	4793	523	10.9
湖北	29558524	3497	496	14.2
湖南	15816639	2617	253	9.7
广东	40235348	4361	820	18.8
广西	9760949	1642	434	26.4
海南	942779	193	36	18.7
重庆	15787989	2270	345	15.2
四川	26257998	5777	729	12.6
贵州	16740260	1514	408	27.0
云南	17343072	2674	692	25.9
西藏	1561460	379	56	14.8
陕西	27827574	2792	541	19.4
甘肃	8076398	1539	474	30.8
青海	1397374	296	85	28.7
宁夏	2942511	534	184	34.5
新疆	11592144	1217	418	34.3

4-15 各地区总承包建筑业企业主要经济效益指标

地区	产值利润率(%)	产值利税率(%)	资本利润率(%)	资本利税率(%)	人均利润(元/人)	人均利税(元/人)	资产负债率(%)
全国总计	**3.2**	**5.8**	**20.3**	**37.0**	**13693**	**24939**	**70.4**
北京	8.8	10.6	33.2	40.1	55651	67258	66.3
天津	1.2	2.8	6.0	13.9	6000	13766	81.0
河北	2.1	4.4	9.8	20.6	12967	27213	74.3
山西	2.2	4.8	10.4	22.1	9569	20236	75.8
内蒙古	2.0	5.6	5.4	14.9	9786	27000	71.6
辽宁	1.5	4.4	6.6	18.7	7870	22166	74.8
吉林	3.3	6.9	13.2	27.8	18095	38188	68.1
黑龙江	1.4	5.2	3.2	12.2	4578	17496	72.9
上海	2.6	4.4	15.5	26.3	17632	30025	78.7
江苏	3.6	6.5	35.1	63.0	13381	24036	60.0
浙江	2.0	4.4	15.7	35.1	6988	15610	68.2
安徽	2.5	4.7	18.2	34.6	11646	22111	71.5
福建	2.9	5.6	24.9	47.9	8349	16038	61.9
江西	2.7	5.1	19.0	36.0	13170	24995	64.9
山东	2.6	4.9	18.0	34.2	12823	24408	76.1
河南	4.0	7.4	24.9	46.3	17034	31662	66.7
湖北	3.7	6.4	31.4	54.9	28331	49501	68.1
湖南	2.8	6.0	24.8	52.9	11106	23672	66.6
广东	2.9	5.4	17.2	32.1	14972	28001	76.4
广西	1.5	3.3	14.3	32.6	5867	13398	74.2
海南	3.7	8.8	11.5	27.7	18155	43725	58.0
重庆	3.5	6.4	31.2	57.1	13561	24818	71.4
四川	3.2	5.8	20.1	36.8	10919	19995	71.1
贵州	3.3	5.7	20.4	34.9	14406	24652	76.2
云南	3.5	6.5	11.1	20.9	13521	25398	64.4
西藏	6.3	10.1	19.2	30.6	29797	47565	67.3
陕西	2.6	4.9	14.5	27.4	13295	25134	76.9
甘肃	2.4	5.7	8.9	21.1	9165	21662	70.2
青海	2.2	4.3	6.8	13.6	11732	23553	69.3
宁夏	2.1	5.4	8.7	22.6	6182	16123	72.4
新疆	2.0	4.8	11.4	26.7	8546	20008	76.0

4-16 各地区按资质等级划分的总承包建筑业企业单位数

单位：个

地　区	合计	特级	一级	二级	三级及以下
全国总计	**82043**	**654**	**7682**	**24225**	**49482**
北　京	898	53	243	217	385
天　津	747	14	126	175	432
河　北	2236	12	222	873	1129
山　西	2090	20	133	480	1457
内蒙古	883	4	97	318	464
辽　宁	3084	17	215	716	2136
吉　林	1692	6	78	337	1271
黑龙江	1633	4	98	580	951
上　海	1289	23	191	464	611
江　苏	7181	81	733	2095	4272
浙　江	5876	77	776	1468	3555
安　徽	4348	30	294	867	3157
福　建	5099	19	404	872	3804
江　西	3288	28	325	806	2129
山　东	5604	44	505	2050	3005
河　南	4793	28	431	1405	2929
湖　北	3497	30	486	1169	1812
湖　南	2617	18	303	725	1571
广　东	4361	29	453	999	2880
广　西	1642	14	126	481	1021
海　南	193	1	23	49	120
重　庆	2270	7	246	611	1406
四　川	5777	25	500	2210	3042
贵　州	1514	10	76	659	769
云　南	2674	11	106	658	1899
西　藏	379	1	4	131	243
陕　西	2792	33	295	1498	966
甘　肃	1539	6	64	456	1013
青　海	296	1	23	133	139
宁　夏	534	1	20	227	286
新　疆	1217	7	86	496	628

4-17　各地区按资质等级划分的总承包建筑业企业从业人员

单位：人

地　区	合计	特级	一级	二级	三级及以下
全国总计	**48224672**	**10376534**	**17723799**	**11650087**	**8474252**
北　京	390805	159224	180725	23847	27009
天　津	415578	159200	190693	27026	38659
河　北	744470	46647	261914	319841	116068
山　西	797932	210236	294438	166566	126692
内蒙古	167975	11574	61271	60656	34474
辽　宁	474160	31418	145980	136707	160055
吉　林	255402	10247	60978	75003	109174
黑龙江	200210	35301	58072	60965	45872
上　海	667474	257512	233070	109988	66904
江　苏	7804623	2765260	2398825	1586707	1053831
浙　江	4919185	1397036	2233908	765062	523179
安　徽	1788315	315695	600942	390632	481046
福　建	4461066	642999	2145636	991036	681395
江　西	1573148	235605	568907	399556	369080
山　东	2454387	649320	849117	619295	336655
河　南	2561386	511214	749639	707288	593245
湖　北	2042918	544848	817099	421963	259008
湖　南	2567309	550528	886695	600189	529897
广　东	2749259	419978	1311270	456840	561171
广　西	1220632	377352	393821	276533	172926
海　南	64636	5196	27032	17101	15307
重　庆	1833217	50929	640494	604840	536954
四　川	3629589	192403	1158351	1526017	752818
贵　州	780751	193361	261559	209497	116334
云　南	1253124	161049	342652	330186	419237
西　藏	51002	44	421	35502	15035
陕　西	1344438	333964	496523	405851	108100
甘　肃	468408	56297	156498	145194	110419
青　海	66975	9852	17930	25906	13287
宁　夏	111389	1060	32585	52672	25072
新　疆	364909	41185	146754	101621	75349

4-18 各地区按资质等级划分的总承包企业建筑业总产值

单位：万元

地区	合计	特级	一级	二级	三级及以下
全国总计	**2393923498**	**765174395**	**912699462**	**419934648**	**296114993**
北京	114739299	73479450	37050089	2010047	2199713
天津	37395772	18945124	14182888	2075697	2192064
河北	55838781	12289596	27251757	12061548	4235880
山西	47687411	16148448	18632788	7624046	5282129
内蒙古	10911528	2519718	4066017	2399419	1926375
辽宁	31762922	4256319	13126101	6231969	8148533
吉林	17637619	1564626	5549783	4876626	5646584
黑龙江	10669557	1927839	4414636	2606058	1721024
上海	72814801	39503804	22230812	7144648	3935537
江苏	315905188	134678199	96511746	52325353	32389891
浙江	187718670	68041360	78895957	24425010	16356343
安徽	83668321	24602431	28232044	13962739	16871108
福建	129859529	19160429	63653240	28394531	18651330
江西	82127875	16408719	38244826	14284232	13190098
山东	136910699	52464589	51424824	21328781	11692504
河南	117293096	30684561	40210292	24866100	21532142
湖北	153903163	75409392	53405580	15977007	9111185
湖南	109775345	29889500	43589800	20425202	15870844
广东	149280429	30846572	81724592	18849647	17859618
广西	56585303	17841133	21815434	10947918	5980818
海南	3538626	136193	1648883	930373	823178
重庆	82351675	6137068	34534675	21610563	20069370
四川	145321051	23543963	48324825	49349632	24102631
贵州	39181101	11752838	12662315	9367104	5398843
云南	62534071	15682164	18069050	12221160	16561697
西藏	2864424	1300	118587	2221229	523308
陕西	79556877	29576984	28384193	17141479	4454223
甘肃	19448788	2490102	9153404	4366648	3438633
青海	4842292	1815366	1414085	971724	641118
宁夏	6043917	182484	2370632	2266749	1224053
新疆	25755369	3194125	11805609	6671413	4084223

4−19 各地区按资质等级划分的总承包建筑业企业签订合同额

单位：万元

地　区	合计	特级	一级	二级	三级及以下
全国总计	**5579357504**	**2353285967**	**2079578077**	**702015795**	**444477665**
北　京	397189223	298664919	88955987	4443551	5124766
天　津	125069457	71645988	45770708	4144761	3508000
河　北	136659342	31054843	77454076	21074392	7076031
山　西	114885064	54160283	40168296	13195892	7360594
内蒙古	34402383	16730522	9499612	4991375	3180875
辽　宁	69063765	16346089	30464751	9513695	12739230
吉　林	37808288	3298006	13131335	10480226	10898721
黑龙江	23702734	5869549	10551350	4851247	2430588
上　海	287899977	208249180	59718015	13690286	6242496
江　苏	532655999	239128886	173649568	78683214	41194332
浙　江	410135803	167886849	165218263	48257498	28773192
安　徽	190719835	83125188	60676977	20655578	26262092
福　建	261889101	69625555	112504032	48969797	30789717
江　西	134174709	27518094	68936093	20729182	16991341
山　东	274259091	120022739	100117944	35309982	18808425
河　南	241211839	99272382	78994338	35103248	27841871
湖　北	423256289	270522757	114587339	25356962	12789231
湖　南	237296798	101471320	84747831	30985752	20091896
广　东	455342121	119147539	262207530	40832029	33155023
广　西	112569678	41653153	42136787	19859553	8920185
海　南	10257481	406916	5548281	2423110	1879174
重　庆	154661029	18083405	83498225	28991537	24087862
四　川	345708027	91348915	131742792	83459478	39156843
贵　州	113780680	34690759	47400970	21355069	10333882
云　南	130896498	41304586	49592978	17602278	22396657
西　藏	6369182	1400	506230	5106593	754960
陕　西	191064322	94405312	64165215	26642906	5850889
甘　肃	45505167	8591815	22478984	7822082	6612286
青　海	14018692	6944681	4369634	1787842	916535
宁　夏	10282196	310963	4404832	3641716	1924685
新　疆	56622737	11803374	26379107	12054968	6385288

4–20 各地区按资质等级划分的总承包建筑业企业竣工产值

单位：万元

地区	合计	特级	一级	二级	三级及以下
全国总计	**1112471909**	**341198643**	**395959890**	**221929155**	**153384221**
北京	43713598	27250693	14278511	1096440	1087953
天津	10591858	5171495	4003993	594683	821687
河北	21277059	3549822	9143439	6028597	2555201
山西	17132841	4719872	6322633	3432987	2657349
内蒙古	4524910	598045	1792658	1315319	818889
辽宁	16250097	1018897	8801673	2893375	3536152
吉林	9382383	522705	2682566	2725492	3451622
黑龙江	4169634	578967	1185388	1406004	999275
上海	34798278	18301664	10221565	3918146	2356903
江苏	229500321	97047856	67975116	40914387	23562961
浙江	100246414	42510865	35792435	13312071	8631043
安徽	30026970	5621861	9962725	6591545	7850840
福建	56257876	8803932	27924218	11847766	7681959
江西	36992432	6787891	15066798	7365059	7772684
山东	58318598	20953665	21359094	10873721	5132118
河南	54072061	12469574	16371339	13910304	11320844
湖北	66724530	29491171	22547087	9243237	5443036
湖南	51838708	10921740	18957216	12368957	9590796
广东	53885575	9067548	29356022	8676098	6785907
广西	25599275	8124022	10105693	4672730	2696830
海南	1715816	45338	1056808	331633	282037
重庆	34704320	2786835	10733437	10143562	11040486
四川	62809558	8209527	19038105	25036820	10525106
贵州	13756157	2386180	6165065	3140267	2064644
云南	20775822	2881038	3957349	6003423	7934012
西藏	987683	1300	864	620431	365088
陕西	29480998	9751365	12033765	6167194	1528674
甘肃	7090572	501255	2701375	2285167	1602775
青海	1873682	638548	359956	525599	349579
宁夏	3030258	49913	1153960	1328407	497979
新疆	10943631	435061	4909040	3159737	2439793

4-21 各地区按资质等级划分的总承包建筑业企业房屋施工面积

单位：万平方米

地区	合计	特级	一级	二级	三级及以下
全国总计	**1467738**	**644517**	**502548**	**211762**	**108911**
北京	88060	69154	18423	383	100
天津	14328	7145	6667	352	164
河北	34832	9592	15198	8185	1857
山西	19688	11052	4688	2911	1038
内蒙古	7013	3470	1460	1481	603
辽宁	15942	2128	6340	2781	4693
吉林	8144	1259	2230	2513	2142
黑龙江	3180	696	1134	937	413
上海	53449	39419	11515	2195	320
江苏	265247	138730	72561	35879	18078
浙江	176508	89332	62673	16660	7843
安徽	47970	16586	17547	7074	6763
福建	80707	18690	40866	14826	6326
江西	33530	8241	13888	6317	5083
山东	84359	37951	27849	13664	4895
河南	64945	28476	18228	10943	7298
湖北	84278	52035	21143	7566	3535
湖南	67073	28053	19113	11830	8077
广东	88917	19430	50620	12833	6034
广西	28614	12843	8932	5291	1547
海南	1786	112	1147	331	197
重庆	35962	4115	19930	7261	4656
四川	65789	12712	25960	20956	6162
贵州	16812	4237	6236	3626	2714
云南	19550	4203	7210	3763	4374
西藏	463	1	8	298	157
陕西	36948	20941	9808	5444	756
甘肃	10852	2175	5536	1961	1180
青海	925	107	414	281	123
宁夏	2065	94	887	731	353
新疆	9804	1539	4340	2492	1433

4−22 各地区按资质等级划分的总承包建筑业企业房屋竣工面积

单位：万平方米

地　　区	合计	特级	一级	二级	三级及以下
全国总计	**372444**	**119049**	**123656**	**79896**	**49842**
北　京	9497	7424	2008	36	30
天　津	1974	1092	731	58	93
河　北	7206	1328	2648	2516	714
山　西	4819	2466	1297	705	351
内蒙古	1411	259	338	556	258
辽　宁	3868	441	1415	1025	987
吉　林	2660	315	795	710	840
黑龙江	887	134	294	277	182
上　海	7970	5164	2133	596	76
江　苏	77204	34792	21251	13456	7704
浙　江	39043	17856	14059	4620	2508
安　徽	13687	2258	4879	3343	3208
福　建	17523	2838	8760	3915	2008
江　西	13462	2068	4905	3313	3176
山　东	20427	8226	6195	4272	1733
河　南	18884	4424	5224	4970	4266
湖　北	26202	10973	9085	3890	2254
湖　南	20590	4020	5766	5600	5204
广　东	18418	2370	10680	3244	2124
广　西	8208	2925	2637	1773	873
海　南	299	5	140	108	46
重　庆	12545	1113	4674	3628	3129
四　川	21569	2174	6832	9113	3449
贵　州	3851	701	1388	1169	593
云　南	5850	625	1131	1817	2278
西　藏	200	1		125	74
陕　西	6981	2597	2191	1889	304
甘　肃	2363	267	808	754	533
青　海	354	46	122	136	50
宁　夏	728	24	295	293	117
新　疆	3766	123	972	1988	682

4-23 各地区按资质等级划分的总承包建筑业企业实收资本

单位：万元

地区	合计	特级	一级	二级	三级及以下
全国总计	**374357682**	**93232007**	**121154987**	**92000362**	**67970326**
北京	30421477	21744405	6883090	944903	849079
天津	7668933	3346271	2927278	725277	670106
河北	12001865	1554703	3742348	5284981	1419833
山西	10270198	2735185	2969457	1974723	2590833
内蒙古	4084152	181049	1322685	1278709	1301708
辽宁	7408083	941155	2252442	2151623	2062863
吉林	4354455	238767	1156109	1343924	1615655
黑龙江	4534651	600909	1567426	1583680	782637
上海	12296911	5017650	3850708	2221271	1207282
江苏	32788594	4187782	10278406	10182860	8139546
浙江	23292662	4082648	9324303	5531139	4354572
安徽	11396808	3091033	3239507	2476689	2589580
福建	15202290	1108368	5437384	4093558	4562981
江西	11727663	1107929	4592137	3076045	2951552
山东	19624908	3576453	6722989	6026401	3299065
河南	18731265	3053985	5686963	5363118	4627200
湖北	18046280	5151880	6428129	4075340	2390931
湖南	12359044	3119601	4124380	2758865	2356199
广东	25197915	4712578	12158527	4551160	3775650
广西	5805050	1037500	1867510	1782355	1117684
海南	1126611	30000	637602	225157	233852
重庆	9157480	710165	3714355	2571154	2161806
四川	22903530	3214541	8450538	7416731	3821721
贵州	6378775	1481556	1919836	1839124	1138258
云南	19454545	11958530	2238649	2517907	2739460
西藏	945018	510	9868	766117	168522
陕西	14343669	3407584	3928654	4646200	2361231
甘肃	5233249	1081649	1312815	1568355	1270431
青海	1541481	187015	509674	606856	237936
宁夏	1435066	32718	271261	793241	337846
新疆	4625057	537888	1629958	1622901	834309

4-24 各地区按资质等级划分的总承包建筑业企业资产

单位：万元

地区	合计	特级	一级	二级	三级及以下
全国总计	**2549069700**	**953962068**	**890496539**	**415249348**	**289361745**
北京	294646072	225621777	60720961	4264517	4038817
天津	64703201	33773923	22654740	4608178	3666360
河北	67551140	15859147	30049726	15838105	5804162
山西	69616791	31192579	21752377	8751840	7919995
内蒙古	21777426	2719587	7352543	6414636	5290661
辽宁	52513143	8283423	20113920	12206032	11909768
吉林	25959136	2391827	7508693	7464560	8594056
黑龙江	20129674	5135624	7596786	4999073	2398191
上海	110938529	55580487	36025090	13262032	6070921
江苏	207348886	67277758	62605022	45876258	31589848
浙江	137626401	47532982	53504132	20912575	15676712
安徽	74565108	27737065	23904236	11352959	11570849
福建	71703870	10897445	33164923	15531281	12110221
江西	55877723	9177981	26546234	10560265	9593244
山东	150770980	46131787	55655796	31981281	17002115
河南	100828098	27797714	37206584	20008541	15815260
湖北	149508394	86045232	38512282	17006340	7944540
湖南	73621212	27536368	27071682	11070233	7942928
广东	205322759	48284017	114664794	22886207	19487741
广西	37296060	12906158	12482310	7036491	4871100
海南	4353821	220527	1871488	1042113	1219693
重庆	62706736	6910160	31071102	12727052	11998423
四川	139017315	33381954	52114300	34469620	19051441
贵州	74980091	19323632	24647805	18495995	12512659
云南	84715447	38269137	21315038	11263299	13867973
西藏	7496566	3363	360342	5851202	1281659
陕西	95215456	42496110	27445280	17940220	7333846
甘肃	35808719	10928998	12345237	6266900	6267584
青海	7760203	2816115	1966378	2088581	889129
宁夏	7458592	175195	2349123	3595457	1338817
新疆	37252154	7553995	15917617	9477507	4303035

4-25 各地区按资质等级划分的总承包建筑业企业所有者权益

单位：万元

地区	合计	特级	一级	二级	三级及以下
全国总计	**754067778**	**262872845**	**225557481**	**151418906**	**114218546**
北京	99384224	84822139	12246718	1308703	1006664
天津	12320241	6187198	3394586	1475523	1262934
河北	17339728	3383840	6794598	5198987	1962303
山西	16877749	5727862	5149374	2751788	3248725
内蒙古	6183012	538119	2007891	1652793	1984208
辽宁	13213284	1694947	3686981	3491795	4339560
吉林	8286572	577380	1955337	2261567	3492289
黑龙江	5464333	493336	1828187	2157800	985010
上海	23586626	10765406	7180515	3601575	2039130
江苏	82895474	22812209	23365978	21475702	15241585
浙江	43696433	13754065	16462630	7590821	5888917
安徽	21278482	5713211	6859393	4369043	4336834
福建	27340725	3127038	11351612	6592967	6269108
江西	19626520	2420143	7893915	5076171	4236291
山东	36091864	9797123	12208146	9282308	4804287
河南	33588339	7448278	10019799	9028709	7091553
湖北	47744096	23455588	13462694	7068871	3756944
湖南	24566009	6840078	8833268	5116195	3776468
广东	48442503	11216318	23110188	7173823	6942175
广西	9641598	2340363	2886723	2653309	1761203
海南	1827832	44872	771052	444230	567677
重庆	17927126	1829134	6518711	4604283	4974999
四川	40209581	7361487	13666590	12167262	7014242
贵州	17840232	3072163	5355956	5519856	3892257
云南	30174518	15567891	4873697	4285987	5446942
西藏	2451506	3238	44870	2043281	360118
陕西	22016304	6946291	5562835	6214829	3292349
甘肃	10670638	2973084	2952555	2414304	2330696
青海	2383028	738504	664518	691308	288699
宁夏	2061508	37689	565244	995491	463084
新疆	8937695	1183852	3882920	2709625	1161298

4-26 各地区按资质等级划分的总承包建筑业企业负债

单位：万元

地　区	合计	特级	一级	二级	三级及以下
全国总计	**1795027789**	**691089223**	**664958326**	**263837708**	**175142532**
北　京	195261888	140799638	48474243	2955854	3032153
天　津	52382959	27586726	19260153	3132655	2403425
天　津	50211714	12475307	23255128	10639118	3842160
山　西	52739042	25464717	16603003	6000053	4671270
内蒙古	15594414	2181467	5344652	4761843	3306452
辽　宁	39298386	6588476	16426938	8714864	7568108
吉　林	17672565	1814448	5553357	5202993	5101767
黑龙江	14665341	4642288	5768599	2841272	1413181
上　海	87351903	44815080	28844575	9660457	4031791
江　苏	124453412	44465548	39239044	24400556	16348263
浙　江	93929968	33778918	37041501	13321754	9787795
安　徽	53287757	22023853	17044842	6983916	7235146
福　建	44363201	7770408	21813312	8938314	5841168
江　西	36251203	6757838	18652318	5484094	5356953
山　东	114679116	36334664	43447650	22698973	12197829
河　南	67239760	20349436	27186785	10979832	8723707
湖　北	101764660	62589644	25049589	9937832	4187596
湖　南	49055202	20696290	18238414	5954038	4166460
广　东	156880334	37067699	91554606	15712462	12545566
广　西	27673729	10565795	9614855	4383182	3109898
海　南	2525990	175656	1100436	597883	652016
重　庆	44779610	5081027	24552390	8122769	7023424
四　川	98813893	26020467	38447710	22308518	12037199
贵　州	57139859	16251469	19291849	12976138	8620402
云　南	54540929	22701246	16441340	6977312	8421030
西　藏	5045060	125	315472	3807922	921541
陕　西	73199152	35549819	21882445	11725390	4041497
甘　肃	25138081	7955914	9392682	3852596	3936889
青　海	5377174	2077611	1301860	1397273	600430
宁　夏	5397084	137506	1783879	2599966	875733
新　疆	28314405	6370142	12034697	6767882	3141684

4-27 各地区按资质等级划分的总承包建筑业企业营业收入

单位：万元

地区	合计	特级	一级	二级	三级及以下
全国总计	**2193540217**	**768383889**	**786610015**	**374533801**	**264012512**
北京	145690497	103274253	37055894	2622943	2737407
天津	38414932	18252269	15246538	2434187	2481938
河北	52217435	10719959	25325445	11588744	4583287
山西	49355738	20365942	16340736	7490137	5158924
内蒙古	12449021	2558228	4368464	3192572	2329757
辽宁	31800614	5019060	11525453	6793823	8462279
吉林	16581084	1378061	5257262	4546593	5399168
黑龙江	11880043	2237010	4346163	3309968	1986902
上海	96033008	56435247	25096860	9561685	4939217
江苏	270927909	115398794	79406407	46935975	29186733
浙江	157070276	56412444	63759700	21392335	15505797
安徽	66786750	22409862	20994937	10541653	12840299
福建	103493263	15540393	49658011	23040477	15254382
江西	61253211	11642119	27968217	11549436	10093439
山东	127855072	47562635	45897454	22060330	12334653
河南	101719543	30037506	32838967	20950919	17892151
湖北	140552230	72791842	44317071	14850183	8593134
湖南	94207155	28279068	35774046	17398770	12755271
广东	156816266	34736526	83125983	20211295	18742463
广西	38397557	13290146	12306623	7632523	5168266
海南	3730655	136751	1638123	1035357	920425
重庆	64984482	5623753	27264320	16513740	15582669
四川	121348494	23279307	43031954	37458152	17579081
贵州	38202015	12831218	11916874	8641759	4812165
云南	51175013	15210490	15553252	9135618	11275653
西藏	3495648	2852	114882	2719646	658267
陕西	77427246	32915254	22944791	15250069	6317132
甘肃	21184348	3987061	8673113	4644475	3879699
青海	6083714	2453210	1422664	1423143	784698
宁夏	6483234	175195	2380507	2666731	1260801
新疆	25923766	3427437	11059307	6940565	4496458

4-28 各地区按资质等级划分的总承包建筑业企业利税总额

单位：万元

地　区	合计	特级	一级	二级	三级及以下
全国总计	**138458619**	**44061697**	**43556668**	**28678653**	**22161601**
北　京	12202396	10500915	1481153	106376	113953
天　津	1062191	502802	360288	99002	100099
河　北	2471770	496255	1014639	688203	272672
山　西	2268532	818140	758187	396100	296106
内蒙古	608581	90560	198049	166833	153139
辽　宁	1385998	129237	337478	377360	541923
吉　林	1211568	63004	406418	329371	412775
黑龙江	552956	29133	213397	201092	109335
上　海	3238089	1919359	784941	300793	232995
江　苏	20653879	8028256	5811881	4096795	2716947
浙　江	8177644	2863963	3303010	1147682	862989
安　徽	3946177	1066006	1261811	771748	846613
福　建	7281726	653906	3484472	1806822	1336527
江　西	4220717	712239	1557689	1043947	906842
山　东	6719991	2379034	2228327	1387536	725093
河　南	8680567	1266173	2146853	2589852	2677690
湖　北	9903462	4318532	3260612	1465688	858630
湖　南	6539999	1381565	2164979	1657640	1335816
广　东	8100639	1481711	4227405	1214406	1177118
广　西	1892983	592796	569029	429486	301672
海　南	311632	6989	124791	99155	80696
重　庆	5232945	299431	1395117	1677565	1860831
四　川	8418956	1122695	2798910	2939177	1558176
贵　州	2224614	673611	308275	736771	505957
云　南	4060524	1088174	1143818	808013	1020519
西　藏	289112	745	12249	196176	79942
陕　西	3927764	1315441	1028479	1096695	487149
甘　肃	1105663	106408	407449	305292	286514
青　海	210403	55299	82595	41996	30513
宁　夏	324510	11630	119370	132836	60674
新　疆	1232633	87687	565001	368247	211698

4-29 各地区按资质等级划分的总承包建筑业企业利润总额

单位：万元

地区	合计	特级	一级	二级	三级及以下
全国总计	**76022683**	**29745183**	**22196342**	**13201028**	**10880130**
北京	10096508	9257940	773754	19669	45145
天津	462929	246362	148580	26387	41601
河北	1177830	295950	476925	304022	100932
山西	1072747	439933	358007	155934	118873
内蒙古	220587	52668	62365	35136	70418
辽宁	492085	24290	106555	131768	229472
吉林	574101	38238	177806	161465	196592
黑龙江	144697	-12535	45891	81936	29405
上海	1901482	1407314	396356	2855	94957
江苏	11498172	4718491	3077208	2229881	1472593
浙江	3660899	1462613	1422464	431750	344072
安徽	2078470	624525	709981	358663	385301
福建	3790787	366895	1848895	897715	677282
江西	2223931	350691	885223	527855	460163
山东	3530503	1529808	1026875	637437	336384
河南	4670190	719403	1005812	1356134	1588842
湖北	5668138	2806542	1685029	730884	445684
湖南	3068321	895122	980009	618691	574499
广东	4331299	921364	2381480	482970	545485
广西	828904	270164	250227	183645	124868
海南	129388	3357	63666	30459	31906
重庆	2859381	204943	702037	916902	1035500
四川	4597377	845521	1602008	1351107	798741
贵州	1299986	481878	128467	417135	272505
云南	2161661	672788	704600	321316	462957
西藏	181115	606	6489	118646	55374
陕西	2077707	977856	525912	412189	161750
甘肃	467773	37644	214446	97976	117707
青海	104805	49386	50620	1859	2941
宁夏	124425	983	70158	45544	7741
新疆	526488	54445	308499	113102	50442

4-30 各地区按资质等级划分的总承包建筑业企业税金总额

单位：万元

地区	合计	特级	一级	二级	三级及以下
全国总计	**62435936**	**14316514**	**21360326**	**15477625**	**11281471**
北京	2105889	1242975	707399	86708	68808
天津	599261	256440	211708	72615	58498
河北	1293940	200305	537713	384181	171740
山西	1195785	378207	400180	240166	177233
内蒙古	387994	37892	135684	131697	82721
辽宁	893913	104947	230924	245592	312451
吉林	637467	24766	228611	167906	216184
黑龙江	408259	41668	167505	119156	79930
上海	1336607	512045	388586	297938	138038
江苏	9155707	3309765	2734673	1866915	1244354
浙江	4516745	1401350	1880546	715932	518917
安徽	1867707	441480	551830	413085	461311
福建	3490939	287011	1635577	909107	659244
江西	1996786	361548	672466	516092	446680
山东	3189488	849227	1201453	750100	388709
河南	4010377	546770	1141041	1233718	1088848
湖北	4235324	1511991	1575583	734804	412946
湖南	3471678	486443	1184970	1038949	761316
广东	3769341	560348	1845925	731436	631633
广西	1064079	322633	318801	245840	176805
海南	182244	3632	61125	68696	48790
重庆	2373564	94488	693080	760664	825332
四川	3821580	277174	1196902	1588070	759435
贵州	924629	191733	179807	319636	233453
云南	1898864	415386	439218	486698	557562
西藏	107997	140	5760	77530	24568
陕西	1850056	337585	502567	684506	325399
甘肃	637890	68764	193004	207316	168807
青海	105598	5913	31975	40138	27573
宁夏	200085	10648	49212	87292	52933
新疆	706145	33242	256502	255145	161255

4–31 各地区按资质等级划分的总承包建筑业企业主营业务收入

单位：万元

地区	合计	特级	一级	二级	三级及以下
全国总计	**2162456612**	**762611774**	**778002844**	**367201918**	**254640077**
北京	144968033	102910637	36757714	2589523	2710159
天津	37920389	18155609	15063663	2322838	2378279
河北	50279829	10032799	24782693	11086107	4378230
山西	48765149	20294718	16107840	7391939	4970653
内蒙古	12267148	2551258	4347474	3124603	2243814
辽宁	30484333	4896445	11192000	6397838	7998051
吉林	16250909	1372974	5216251	4457013	5204671
黑龙江	11632077	2227813	4238438	3244861	1920965
上海	95660918	56255499	24992005	9507708	4905708
江苏	269429633	114613756	79113086	46741868	28960923
浙江	155916529	56181843	63201168	21213046	15320472
安徽	65360739	22135030	20545264	10313471	12366974
福建	102145991	15496378	49363758	22470382	14815474
江西	59703467	11620741	27392277	10994658	9695791
山东	127213644	47394882	45580690	21965953	12272119
河南	99221639	29763392	32326705	20457420	16674122
湖北	138835603	72383163	43718122	14399827	8334491
湖南	93746736	28247671	35659731	17186995	12652340
广东	155623686	34298073	82676433	20076175	18573005
广西	37378600	13263467	11640564	7432611	5041957
海南	3675974	136433	1635008	1006818	897715
重庆	63662300	5536073	26957888	16031218	15137120
四川	118431337	23150000	42136419	36464330	16680588
贵州	37523573	12796932	11726720	8371576	4628344
云南	50143991	14767939	15398997	8996766	10980288
西藏	3443951	2852	114364	2700333	626401
陕西	74526420	32766275	22796080	14932401	4031664
甘肃	20302108	3346954	8625043	4532106	3798006
青海	5826595	2423276	1350774	1313071	739476
宁夏	6441837	175195	2364087	2651189	1251366
新疆	25673475	3413696	10981589	6827277	4450913

4–32 各地区按资质等级划分的总承包建筑业企业管理费用

单位：万元

地区	合计	特级	一级	二级	三级及以下
全国总计	**57103846**	**13178231**	**18689488**	**13402387**	**11833740**
北京	3127086	1594723	1117639	184149	230576
天津	1020259	354087	397156	115606	153409
河北	1499573	234814	717766	330443	216551
山西	1600607	523794	524206	278924	273683
内蒙古	451214	57709	159816	133651	100038
辽宁	1123294	124313	359969	250522	388489
吉林	523544	25371	137473	150384	210316
黑龙江	537972	50250	139629	256852	91241
上海	2042617	719127	620213	373141	330135
江苏	6554387	1617766	2041168	1582793	1312660
浙江	3589803	846523	1265657	708501	769123
安徽	1828766	469927	413792	325162	619884
福建	2689663	197057	997241	779127	716238
江西	1609714	167702	731993	361241	348778
山东	3532045	910817	1154775	896658	569794
河南	2852512	547519	929560	721803	653630
湖北	3872176	1701325	1139370	584777	446704
湖南	2589803	631600	806715	657092	494395
广东	3520561	462645	1569563	596515	891839
广西	1027100	229295	369811	224488	203507
海南	77726	2340	25835	22953	26598
重庆	1786078	110988	503668	516014	655408
四川	3835164	513784	1017018	1528128	776234
贵州	812415	182204	240201	245227	144783
云南	1280546	182449	313206	317339	467551
西藏	114391	275	5575	75549	32992
陕西	1897830	498005	471076	613476	315273
甘肃	609696	87380	182516	202003	137798
青海	192314	59660	38136	59774	34744
宁夏	194988	3306	43843	90026	57812
新疆	710008	71479	254903	220070	163556

4-33 各地区按资质等级划分的总承包建筑业企业财务费用

单位：万元

地区	合计	特级	一级	二级	三级及以下
全国总计	**14635686**	**5029702**	**5739692**	**2395051**	**1471242**
北京	614708	442852	171676	5020	-4841
天津	493825	299355	158414	17086	18969
河北	473788	108728	224824	91609	48626
山西	378827	219650	91863	29614	37700
内蒙古	144414	30330	37127	35423	41534
辽宁	373678	68853	161970	68892	73964
吉林	173556	12616	61557	57356	42027
黑龙江	76448	27632	38444	7364	3008
上海	296948	171368	99445	14834	11301
江苏	1649342	755941	466737	273178	153487
浙江	767350	291138	298494	109015	68704
安徽	512870	214196	179561	58093	61019
福建	402747	84395	212538	59815	45999
江西	348169	86494	165371	48857	47447
山东	983315	305546	409697	184841	83231
河南	759213	224746	268920	154311	111237
湖北	760749	392439	228690	87331	52290
湖南	532570	192576	209914	70118	59961
广东	1208536	185721	774163	157625	91026
广西	252523	100983	91274	25548	34719
海南	11490	356	3203	1669	6263
重庆	590556	46801	339039	124388	80327
四川	1022285	172854	307385	417350	124696
贵州	417083	111412	222526	43166	39979
云南	622930	311989	178167	70309	62466
西藏	22279	9	552	19074	2644
陕西	272544	60886	135359	62301	13999
甘肃	171387	1888	89383	42945	37171
青海	42588	20285	18739	2920	644
宁夏	29919	539	10611	14856	3913
新疆	229052	87125	84051	40144	17732

4－34 各地区按资质等级划分的总承包建筑业企业应收工程款

单位：万元

地　　区	合计	特级	一级	二级	三级及以下
全国总计	**554669657**	**157635562**	**222555782**	**104571632**	**69906682**
北　京	34115399	19152540	13477832	693166	791861
天　津	12695074	4873269	5818072	1206510	797224
河　北	16764057	2840034	7509694	4920339	1493991
山　西	17859232	6465778	6361071	2960151	2072233
内蒙古	6379729	887632	2534605	1599833	1357660
辽　宁	14176966	2225285	5342860	3553691	3055131
吉　林	9149462	1196681	2908543	2838340	2205898
黑龙江	5463502	1025097	2367610	1354421	716374
上　海	20891235	9858747	7667220	2020581	1344688
江　苏	54709434	16660270	16836470	12820599	8392095
浙　江	29665739	9674567	12160891	4230930	3599352
安　徽	19004301	6587563	6193403	2966874	3256461
福　建	15123674	1885675	6764551	2972228	3501221
江　西	13167120	1703419	7433296	2089268	1941137
山　东	39026466	11358250	15197429	8330052	4140735
河　南	20637251	4049187	8594253	4699251	3294561
湖　北	29558524	12385720	11042365	4035670	2094769
湖　南	15816639	4658565	6441410	2567449	2149215
广　东	40235348	6899984	24403232	4709840	4222291
广　西	9760949	3109496	3346791	1856802	1447859
海　南	942779	9675	273177	381659	278269
重　庆	15787989	1597955	8160894	3449348	2579793
四　川	26257998	4097669	10584443	7504480	4071406
贵　州	16740260	3490083	6977106	3937662	2335409
云　南	17343072	5057648	6120596	3107420	3057409
西　藏	1561460	415	74285	1246774	239985
陕　西	27827574	12685037	8089103	5316059	1737375
甘　肃	8076398	1105680	3267136	2089669	1613913
青　海	1397374	331266	350491	480247	235370
宁　夏	2942511	43546	812630	1595760	490574
新　疆	11592144	1718833	5444325	3036560	1392426

4-35 各地区专业承包建筑业企业签订合同情况

单位：万元

地区	签订合同额	上年结转合同额	本年新签合同额
全国总计	**376026213**	**121003226**	**255022987**
北京	21016771	8110671	12906100
天津	8150665	2811835	5338830
河北	5293698	1631888	3661810
山西	5424463	1801926	3622537
内蒙古	622320	190144	432176
辽宁	10221459	2625951	7595508
吉林	3801559	1152838	2648721
黑龙江	2161990	548744	1613246
上海	15208364	5649859	9558505
江苏	47847776	12987956	34859820
浙江	31936734	9510962	22425772
安徽	13501963	3404213	10097750
福建	18319209	5327645	12991564
江西	6194395	1784382	4410014
山东	17464142	3594003	13870138
河南	18269979	3845204	14424775
湖北	12667519	4889222	7778297
湖南	15382039	5450863	9931175
广东	64388693	25080405	39308288
广西	3174363	1225066	1949297
海南	606753	173541	433212
重庆	10376604	3288077	7088526
四川	20976706	8918221	12058484
贵州	4157523	1963905	2193618
云南	6584172	1925224	4658949
西藏	152985	37865	115119
陕西	7882061	2008162	5873899
甘肃	1688890	487820	1201070
青海	354745	68092	286653
宁夏	538895	149539	389356
新疆	1658781	359003	1299778

4-36 各地区专业承包建筑业企业承包工程完成情况

单位：万元

地区	直接从建设单位承揽工程完成的产值	自行完成施工产值	分包出去工程的产值	从建设单位以外承揽工程完成的产值
全国总计	**222911192**	**216328211**	**6582981**	**29222220**
北京	10507828	9500545	1007283	4818824
天津	5814378	5396749	417629	1095387
河北	3446709	3380259	66450	261859
山西	3215557	3193009	22548	256013
内蒙古	431928	429639	2289	3247
辽宁	6251985	6101001	150985	289292
吉林	2404985	2380646	24338	39573
黑龙江	1353940	1336049	17890	58113
上海	8004999	7617348	387651	2338230
江苏	30194008	29927397	266611	6683796
浙江	19160496	18828996	331499	2838468
安徽	9390539	9201233	189306	781610
福建	10624930	10518153	106776	802417
江西	4007714	3855901	151813	507816
山东	11788099	11533470	254630	1028825
河南	13222108	12853100	369008	1079445
湖北	7119849	7029397	90451	428519
湖南	8327863	8197031	130832	667906
广东	34427055	32499591	1927465	2518418
广西	1812348	1760769	51578	186354
海南	364317	361400	2917	13688
重庆	6917906	6729007	188899	668980
四川	10183868	9975738	208131	830168
贵州	1580088	1565555	14533	55753
云南	4322050	4296962	25088	417204
西藏	79952	78753	1199	4236
陕西	5122352	4986893	135460	467509
甘肃	1032579	1025931	6648	18130
青海	281368	277080	4288	3054
宁夏	374110	369032	5077	5154
新疆	1145286	1121577	23709	54235

4-37 各地区专业承包企业建筑业总产值和竣工产值

单位：万元

地区	建筑业总产值	#装饰装修产值	#在外省完成的产值	按构成分组			竣工产值
				建筑工程产值	安装工程产值	其他产值	
全国总计	**245550431**	**60651994**	**70324413**	**174657748**	**57133680**	**13759003**	**109089309**
北京	14319369	4683301	8220502	12772625	1360787	185957	6763599
天津	6492136	1455471	1857670	4700743	1472633	318760	1752342
河北	3642118	509389	778618	2495030	811144	335945	1629559
山西	3449023	378713	807817	2341960	816680	290383	1396374
内蒙古	432886	36766	22122	211320	195544	26022	238488
辽宁	6390293	1115351	1092430	4006860	2053451	329982	2650123
吉林	2420219	324551	355864	1239598	980308	200313	1326303
黑龙江	1394162	224095	415519	968001	293408	132753	530076
上海	9955578	3978518	3747280	7179336	2589063	187178	4882026
江苏	36611193	14100257	14382257	29284162	6895614	431418	25329736
浙江	21667464	6256973	4670160	15027165	5680685	959614	10251041
安徽	9982843	1129534	2670859	5847324	2457942	1677576	3838697
福建	11320571	2055036	4462689	8878985	2150705	290881	3952646
江西	4363717	826230	1490130	3163979	934326	265413	1835568
山东	12562294	3763137	1767068	8749612	3060163	752519	5813667
河南	13932545	1996672	1817611	9351957	3598618	981970	5834250
湖北	7457916	1417054	1775351	4861491	1849614	746811	3253822
湖南	8864938	1456701	3398716	5359175	2578556	927206	4749212
广东	35018008	10452517	9996588	23879363	8847645	2291001	9748117
广西	1947123	206198	51549	1273144	590331	83648	532956
海南	375088	76776	40381	177919	179671	17498	99228
重庆	7397987	1273756	1923588	4834850	1910244	652894	2909144
四川	10805905	1326004	2476180	7560283	2542307	703315	4093047
贵州	1621308	230152	311260	1036508	497135	87665	532670
云南	4714166	462361	225887	3230215	1133933	350018	1848970
西藏	82989	1098		65910	14013	3065	41031
陕西	5454402	645463	1343714	4184196	899575	370631	1853390
甘肃	1044061	128112	55901	759943	236481	47636	505193
青海	280135	2610	100804	224102	54842	1191	137046
宁夏	374187	32749	41653	251757	97110	25320	170430
新疆	1175812	106449	24244	740238	351153	84421	590562

4–38 各地区专业承包建筑业企业房屋建筑面积

单位：万平方米、%

地　区	房屋施工面积	#本年新开工	房屋竣工面积	房屋竣工率
全国总计	**27016**	**12678**	**12377**	**45.8**
北　京	534	264	91	17.0
天　津	917	227	479	52.2
河　北	250	111	110	44.0
山　西	278	149	125	45.1
内蒙古	3	3		3.2
辽　宁	293	163	154	52.5
吉　林	303	239	232	76.6
黑龙江	105	77	37	35.1
上　海	349	195	181	51.7
江　苏	2161	800	599	27.7
浙　江	4278	2059	1700	39.7
安　徽	1407	877	755	53.6
福　建	1872	903	680	36.3
江　西	706	479	450	63.8
山　东	1802	933	883	49.0
河　南	1013	543	528	52.2
湖　北	990	516	358	36.1
湖　南	906	401	647	71.5
广　东	2973	975	846	28.4
广　西	82	38	88	107.9
海　南	37	37	1	2.2
重　庆	2161	998	1505	69.6
四　川	1867	1042	1004	53.8
贵　州	356	68	101	28.3
云　南	578	235	389	67.2
西　藏	14	10	5	37.7
陕　西	607	249	330	54.4
甘　肃	52	20	20	39.3
青　海	3	2	2	62.1
宁　夏	43	15	29	66.8
新　疆	77	51	51	65.5

4–39 各地区按主要用途分的专业承包建筑业企业房屋竣工面积

单位：万平方米

地区	总计	住宅房屋	商业及服务用房屋	办公用房屋	科研、教育和医疗用房屋
全国总计	**12377**	**5900**	**1062**	**449**	**482**
北京	91	72	2	1	5
天津	479	389	17	17	5
河北	110	29	16	6	10
山西	125	21	22	4	5
内蒙古					
辽宁	154	47	32	15	4
吉林	232	147	17	19	2
黑龙江	37	19	2	1	1
上海	181	1	1		
江苏	599	279	75	34	24
浙江	1700	188	51	24	45
安徽	755	387	88	24	12
福建	680	343	73	50	21
江西	450	176	16	46	31
山东	883	390	59	32	29
河南	528	154	27	13	12
湖北	358	126	94	14	12
湖南	647	445	46	18	38
广东	846	320	106	64	129
广西	88	5	12	3	1
海南	1				
重庆	1505	1231	60	5	12
四川	1004	779	51	22	29
贵州	101	38	52	1	
云南	389	151	82	28	41
西藏	5	3			1
陕西	330	111	54	5	11
甘肃	20	4	1	1	1
青海	2			1	
宁夏	29	27		1	
新疆	51	21	6		3

4-39 续表1

单位：万平方米

地　区	文化、体育和娱乐用房屋	厂房及建筑物	仓　库	其他未列明的房屋建筑物
全国总计	**180**	**3581**	**115**	**609**
北　京	2	8	1	
天　津		30	8	13
河　北		44	1	4
山　西	1	68	2	3
内蒙古				
辽　宁	2	27		28
吉　林		28	3	16
黑龙江		12		2
上　海	1	178		
江　苏	13	134	21	20
浙　江	48	1228	14	102
安　徽	11	210	12	11
福　建	23	133	4	33
江　西	9	144	5	24
山　东	9	294	11	60
河　南	22	196	12	94
湖　北	15	86		11
湖　南	1	93	1	7
广　东	5	183	9	32
广　西		4		62
海　南				
重　庆	1	178	1	17
四　川	4	92	2	24
贵　州		5		3
云　南	11	53	7	16
西　藏				2
陕　西	4	131	1	15
甘　肃	1	3		11
青　海				1
宁　夏				
新　疆		20	1	

4-40 各地区按主要用途分的专业承包建筑业企业房屋竣工价值

单位：万元

地区	总计	住宅房屋	商业及服务用房屋	办公用房屋	科研、教育和医疗用房屋
全国总计	**11947789**	**5436540**	**1343702**	**536416**	**604148**
北京	156175	121442	6980	2657	9581
天津	224533	141706	15852	20102	6480
河北	118878	40531	9985	5131	8665
山西	85940	5573	8764	5371	1584
内蒙古	309				
辽宁	92433	37552	1782	10500	893
吉林	93813	35462	6022	8875	2296
黑龙江	46598	24051	3620	1641	1263
上海	142564	2679	1524		
江苏	753507	332888	127143	40464	38999
浙江	1691434	274379	85329	51201	79574
安徽	607510	265120	71634	30259	17673
福建	1045208	591789	76422	95465	43646
江西	527171	195531	20155	62392	51890
山东	716276	279269	68855	46130	37244
河南	464826	187008	33993	12718	15118
湖北	573971	155646	138580	27808	32454
湖南	748463	534448	79302	24138	46409
广东	1031449	502723	196027	28550	83336
广西	45555	8295	7499	2506	491
海南	2957	1568		288	
重庆	781524	524852	72506	3612	10641
四川	1170741	880160	94402	29280	52916
贵州	158822	41466	103307	1935	472
云南	251219	98517	30110	16134	34997
西藏	13810	9644			298
陕西	254015	87956	74871	6160	9872
甘肃	40769	7410	945	1072	1516
青海	3556	441	355	1260	540
宁夏	13464	10785	58	542	748
新疆	90303	37650	7680	229	14554

4-40 续表1

单位：万元

地　　区	文化、体育和娱乐用房屋	厂房及建筑物	仓　库	其他未列明的房屋建筑物
全国总计	**265537**	**3117863**	**106135**	**537448**
北　　京	2685	10890	1941	
天　　津	20	22170	4955	13248
河　　北	381	40133	9367	4684
山　　西	1445	56849	623	5732
内 蒙 古				309
辽　　宁	760	28230	20	12695
吉　　林	851	32261	366	7680
黑 龙 江		13158	83	2781
上　　海	1129	137232		
江　　苏	38818	136594	12852	25749
浙　　江	58403	1000267	11209	131074
安　　徽	1316	194440	13298	13771
福　　建	42329	151739	3035	40784
江　　西	15441	165516	3443	12803
山　　东	10994	235558	12546	25681
河　　南	8009	177375	8704	21901
湖　　北	52149	139214	60	28062
湖　　南	869	50303	2487	10508
广　　东	10607	141446	13372	55387
广　　西		7094		19670
海　　南		1101		
重　　庆	765	147684	694	20770
四　　川	2212	79055	1641	31074
贵　　州	814	3655	9	7163
云　　南	9694	42451	4754	14561
西　　藏				3868
陕　　西	3297	68700	563	2598
甘　　肃	1539	4696		23592
青　　海		34		926
宁　　夏	1010			322
新　　疆		30020	114	57

4-41 各地区专业承包建筑业企业主要生产效益指标

地 区	建筑业企业个数（个）	从事建筑业活动的平均人数（人）	按总产值计算的劳动生产率（元/人）	人均竣工产值（元/人）	人均施工面积（平方米/人）	人均竣工面积（平方米/人）
全国总计	**34679**	**6894843**	**356136**	**158219**	**39.2**	**18.0**
北 京	1605	321726	445080	210229	16.6	2.8
天 津	1185	345131	188106	50773	26.6	13.9
河 北	704	76436	476493	213193	32.7	14.4
山 西	1267	92314	373619	151264	30.1	13.6
内蒙古	131	14391	300803	165720	2.4	0.1
辽 宁	2551	166427	383970	159236	17.6	9.2
吉 林	819	59475	406930	223002	51.0	39.1
黑龙江	604	37397	372800	141743	28.1	9.9
上 海	1076	161294	617232	302679	21.7	11.2
江 苏	3819	1146611	319299	220910	18.8	5.2
浙 江	2128	580780	373075	176505	73.7	29.3
安 徽	1344	259743	384335	147788	54.2	29.1
福 建	1675	394360	287062	100229	47.5	17.2
江 西	463	83515	522507	219789	84.5	53.9
山 东	2477	305946	410605	190023	58.9	28.9
河 南	2622	358385	388759	162793	28.3	14.7
湖 北	1136	144861	514833	224617	68.4	24.7
湖 南	721	267721	331126	177394	33.8	24.2
广 东	3226	834794	419481	116773	35.6	10.1
广 西	271	40992	475001	130015	19.9	21.5
海 南	57	7223	519296	137378	51.6	1.2
重 庆	1065	336557	219814	86438	64.2	44.7
四 川	1290	351855	307112	116328	53.0	28.5
贵 州	256	34255	473306	155501	103.8	29.4
云 南	775	274744	171584	67298	21.1	14.1
西 藏	23	2005	413909	204643	71.9	27.1
陕 西	624	123915	440173	149569	49.0	26.6
甘 肃	288	21946	475741	230198	23.4	9.2
青 海	87	8894	314970	154089	3.3	2.0
宁 夏	120	10842	345127	157194	39.6	26.5
新 疆	270	30308	387954	194853	25.4	16.7

4-42 各地区专业承包建筑业企业资产构成

单位：万元

地区	资产总计	#流动资产合计	#存货
全国总计	**281255835**	**239613847**	**33722619**
北京	22886505	19754948	1857689
天津	9451981	8441318	862397
河北	6377568	5677947	1048652
山西	5352948	4629945	562661
内蒙古	1097689	659383	101365
辽宁	11698918	9639132	1505920
吉林	3681875	3140091	331213
黑龙江	2953055	2494449	318582
上海	12058852	10731543	1742076
江苏	37511386	31640379	4504533
浙江	20833562	17310223	3121034
安徽	8856839	7211376	1363351
福建	8563782	7201113	1025377
江西	3350214	2547593	485064
山东	14579392	12365973	2260267
河南	12607105	10241897	1251958
湖北	8670601	7549546	1322269
湖南	6239981	5211540	588421
广东	44874144	39858869	4534119
广西	1713620	1442173	190333
海南	501139	443193	57472
重庆	7782813	6687259	1209304
四川	11373066	9440691	1445593
贵州	3311773	2783502	284255
云南	4583494	3699555	522450
西藏	105235	91664	6781
陕西	5852739	5069697	794147
甘肃	1895493	1590907	173856
青海	333112	288440	30042
宁夏	544214	414208	50825
新疆	1612742	1355291	170612

4-43 各地区专业承包建筑业企业固定资产情况

单位：万元

地区	固定资产原价	累计折旧	#本年折旧	在建工程
全国总计	**28010482**	**12957865**	**2013394**	**3192429**
北京	1588941	822039	100817	79852
天津	810954	437482	51675	72508
河北	615680	323634	38556	65968
山西	641395	304811	57439	67396
内蒙古	254679	95986	12525	11216
辽宁	1376770	760038	69222	83323
吉林	389670	205262	24922	67597
黑龙江	302625	146397	22351	15413
上海	1246188	645923	83044	62151
江苏	4138778	1890470	369662	425009
浙江	2542959	1181445	172608	141677
安徽	1118047	461603	79282	148106
福建	1050476	497708	79692	71621
江西	347792	158667	29051	204500
山东	1822532	738252	115032	162173
河南	1480636	591077	109105	200839
湖北	964484	475277	92490	113446
湖南	801646	324661	44299	80717
广东	2617937	1052356	172072	305413
广西	214306	107666	19196	26894
海南	64667	30221	5037	16300
重庆	574089	253030	38034	113120
四川	1068554	521693	77827	429493
贵州	226984	55334	7112	65442
云南	600774	335412	52942	35721
西藏	6780	2603	536	10286
陕西	442972	209224	30802	73232
甘肃	200343	89376	14074	20550
青海	47547	28574	3347	4198
宁夏	146433	61123	11183	8691
新疆	304847	150521	29461	9580

4-44 各地区专业承包建筑业企业负债及所有者权益

单位：万元

地区	负债合计	#流动负债	#应付账款	所有者权益	#实收资本
全国总计	**184318993**	**171377847**	**71983845**	**96934598**	**55645729**
北京	17219409	16181376	7453151	5667096	4234446
天津	6680364	6358633	2544871	2771616	1578897
河北	4215177	3813477	1678682	2162391	1186139
山西	3282001	3157477	1456433	2070947	1551239
内蒙古	511092	508212	225071	586597	166290
辽宁	7406342	5850436	2221574	4291461	3348031
吉林	2188248	2102203	828336	1493626	943879
黑龙江	1531332	1481549	514588	1421723	742892
上海	8261892	7989835	4062266	3796959	1894061
江苏	21750195	20516127	10003416	15761330	7008320
浙江	13672308	13296278	5903850	7161254	3772899
安徽	5309201	4627309	1782834	3547638	1614402
福建	4581880	4316559	1656076	3981903	2623011
江西	2021923	1608172	563116	1328290	792877
山东	10079975	9616249	4020658	4499417	2842796
河南	6532691	6149398	2013545	6074414	4060403
湖北	5779456	5425068	1832734	2891145	1612158
湖南	4004234	3762017	1665645	2235747	1315446
广东	31627453	29574206	10958557	13246691	7000781
广西	1168202	1109273	483648	545419	377195
海南	303076	275702	140002	198063	93386
重庆	5539505	4778771	1918242	2242040	1090755
四川	8045197	7193874	3024081	3327869	2061641
贵州	2510652	2187209	620311	801121	402959
云南	2988887	2792519	1096366	1594607	1037269
西藏	66946	65887	31841	38289	28549
陕西	4115132	3910723	2050517	1737607	1168145
甘肃	1217157	1113918	436077	678336	453581
青海	213085	208731	126545	120027	98345
宁夏	313926	277153	124058	230287	175346
新疆	1182055	1129508	546757	430687	369592

4-45 各地区专业承包建筑业企业收入情况

单位：万元

地 区	主营业务收入	主营业务成本	主营业务税金及附加	其他业务收入	其他业务利润
全国总计	**250217266**	**222366479**	**1539173**	**4887497**	**295498**
北 京	17878952	15861183	59027	217270	43326
天 津	7429772	6621140	27540	241778	8268
河 北	4083491	3651740	33110	92869	3877
山 西	3589994	3160401	13818	105840	3797
内蒙古	517227	431866	3220	21934	1194
辽 宁	6450308	5659367	52879	346501	3149
吉 林	2543761	2233122	14865	92920	3616
黑龙江	1718680	1536035	9125	71099	3286
上 海	11432430	10180333	36091	138509	13483
江 苏	36704758	32405776	208679	317185	49656
浙 江	20830943	18766548	71099	295229	35921
安 徽	8922088	7842687	61923	301106	12279
福 建	10291088	9082963	115360	186919	2250
江 西	4222459	3815443	47824	130545	2212
山 东	13733354	12393996	107831	94172	16961
河 南	12174220	10513513	157051	468037	10867
湖 北	7343236	6529642	64455	127024	5028
湖 南	8339973	7574617	93380	234261	12298
广 东	37286215	32841305	143611	465537	27350
广 西	1897842	1718393	7095	48709	3051
海 南	418587	375454	1361	4037	613
重 庆	7207684	6547093	36879	103664	5558
四 川	10454055	9369368	77330	363498	5970
贵 州	1450882	1296928	6587	42805	1058
云 南	4349218	3829859	34625	197949	3958
西 藏	111639	101006	805	427	2
陕 西	5479458	5011648	36246	78800	12442
甘 肃	1249641	1068514	8328	63166	303
青 海	351724	326042	1291	3409	70
宁 夏	423027	380517	2426	5764	1470
新 疆	1330562	1239983	5312	26536	2186

4-46 各地区专业承包建筑业企业费用情况

单位：万元

地　　区	管理费用	销售费用	研发费用	财务费用	#利息收入	#利息支出
全国总计	**13385022**	**2326618**	**2490610**	**1684949**	**179129**	**1116221**
北　　京	1139550	312207	221999	71482	42445	70507
天　　津	449408	71952	52451	50489	1936	41080
河　　北	218545	21528	25218	37945	2646	13242
山　　西	267480	27476	44660	15982	2416	10288
内 蒙 古	71165	2097	1419	470	356	364
辽　　宁	549547	58101	50764	81351	-515	32791
吉　　林	185625	12349	15839	17923	408	8732
黑 龙 江	124747	9192	11638	9383	8696	14414
上　　海	665816	136641	173713	38068	10399	29897
江　　苏	1639648	279756	339718	209961	21267	155468
浙　　江	1051524	188781	230656	137376	17898	124462
安　　徽	508032	146958	62218	75292	6033	24381
福　　建	547816	105782	41678	42013	2578	25192
江　　西	221390	23936	25457	18469	3345	11383
山　　东	681783	101555	119648	97872	986	63724
河　　南	689887	120997	64389	75716	-2241	32116
湖　　北	375740	110807	76817	46330	3146	33846
湖　　南	412782	45712	98374	27111	10439	17604
广　　东	1807417	340586	636359	415730	23894	260406
广　　西	125838	5628	21293	8869	1254	5659
海　　南	29316	2195	1851	2012	-162	1442
重　　庆	362249	42497	22905	40479	8366	22829
四　　川	448842	80655	65131	67471	-6957	62018
贵　　州	88417	4712	14674	7914	1112	5029
云　　南	266442	33768	23723	43562	1339	21533
西　　藏	5815	145		201	3	71
陕　　西	234703	25116	36819	21886	4488	16067
甘　　肃	89031	7666	7907	13094	12565	4278
青　　海	21876	1685	46	1022	106	146
宁　　夏	31957	1257	1133	2569	261	1050
新　　疆	72633	4884	2115	6908	624	6204

4-47　各地区专业承包建筑业企业利润及税金情况

单位：万元

地　区	利润总额	#所得税费用	税金总额	主营业务税金及附加	应交增值税
全国总计	**8454715**	**1577113**	**7252365**	**1539173**	**5713192**
北　京	205608	49824	410839	59027	351812
天　津	200710	49854	189828	27540	162288
河　北	123277	23376	124673	33110	91562
山　西	119894	18164	86437	13818	72619
内蒙古	7891	4071	14953	3220	11733
辽　宁	131742	37967	195050	52879	142171
吉　林	88860	17847	80294	14865	65429
黑龙江	43916	9347	50290	9125	41165
上　海	288892	53591	261331	36091	225241
江　苏	1757613	314908	1151165	208679	942486
浙　江	668115	114914	481890	71099	410791
安　徽	370743	54174	266514	61923	204591
福　建	390164	88770	378978	115360	263618
江　西	154198	46925	138650	47824	90826
山　东	409734	66814	367312	107831	259481
河　南	778511	111797	531306	157051	374256
湖　北	237485	53284	245433	64455	180977
湖　南	278364	45284	296284	93380	202904
广　东	1084863	215407	917612	143611	774001
广　西	43320	7476	50246	7095	43151
海　南	11305	4712	14848	1361	13487
重　庆	241616	41087	211479	36879	174600
四　川	383383	62825	333259	77330	255929
贵　州	49635	8138	31151	6587	24564
云　南	159087	31739	142106	34625	107480
西　藏	3951	749	4061	805	3257
陕　西	139736	24684	173370	36246	137124
甘　肃	61806	10627	39026	8328	30698
青　海	3893	1080	9188	1291	7897
宁　夏	7819	2818	16865	2426	14439
新　疆	8584	4862	37927	5312	32615

4-48 各地区专业承包建筑业企业应收工程款及企业亏损情况

地区	应收工程款(万元)	企业个数(个)	#亏损企业个数	亏损企业的比重(%)
全国总计	**92080951**	**34679**	**7427**	**21.4**
北京	6915747	1605	516	32.2
天津	3219585	1185	294	24.8
河北	2260290	704	130	18.5
山西	1765399	1267	344	27.2
内蒙古	273750	131	32	24.4
辽宁	3237884	2551	825	32.3
吉林	1266609	819	193	23.6
黑龙江	628225	604	173	28.6
上海	3767749	1076	292	27.1
江苏	13313579	3819	431	11.3
浙江	6668582	2128	496	23.3
安徽	2593629	1344	214	15.9
福建	2948009	1675	270	16.1
江西	757475	463	54	11.7
山东	5338296	2477	465	18.8
河南	4098827	2622	424	16.2
湖北	2837526	1136	271	23.9
湖南	1940667	721	103	14.3
广东	15618453	3226	688	21.3
广西	495483	271	67	24.7
海南	183327	57	13	22.8
重庆	2796679	1065	212	19.9
四川	3337815	1290	183	14.2
贵州	811529	256	77	30.1
云南	1370794	775	234	30.2
西藏	49864	23	4	17.4
陕西	2088428	624	148	23.7
甘肃	595994	288	101	35.1
青海	136824	87	35	40.2
宁夏	182867	120	43	35.8
新疆	581063	270	95	35.2

4-49 各地区专业承包建筑业企业主要经济效益指标

地 区	产值利润率(%)	产值利税率(%)	资本利润率(%)	资本利税率(%)	人均利润(元/人)	人均利税(元/人)	资产负债率(%)
全国总计	**3.4**	**6.4**	**15.2**	**28.2**	**12262**	**22781**	**65.5**
北 京	1.4	4.3	4.9	14.6	6391	19161	75.2
天 津	3.1	6.0	12.7	24.7	5815	11316	70.7
河 北	3.4	6.8	10.4	20.9	16128	32439	66.1
山 西	3.5	6.0	7.7	13.3	12988	22351	61.3
内蒙古	1.8	5.3	4.7	13.7	5483	15873	46.6
辽 宁	2.1	5.1	3.9	9.8	7916	19636	63.3
吉 林	3.7	7.0	9.4	17.9	14941	28441	59.4
黑龙江	3.1	6.8	5.9	12.7	11743	25191	51.9
上 海	2.9	5.5	15.3	29.0	17911	34113	68.5
江 苏	4.8	7.9	25.1	41.5	15329	25368	58.0
浙 江	3.1	5.3	17.7	30.5	11504	19801	65.6
安 徽	3.7	6.4	23.0	39.5	14273	24534	59.9
福 建	3.4	6.8	14.9	29.3	9894	19504	53.5
江 西	3.5	6.7	19.4	36.9	18463	35065	60.4
山 东	3.3	6.2	14.4	27.3	13392	25398	69.1
河 南	5.6	9.4	19.2	32.3	21723	36548	51.8
湖 北	3.2	6.5	14.7	30.0	16394	33337	66.7
湖 南	3.1	6.5	21.2	43.7	10398	21464	64.2
广 东	3.1	5.7	15.5	28.6	12996	23988	70.5
广 西	2.2	4.8	11.5	24.8	10568	22825	68.2
海 南	3.0	7.0	12.1	28.0	15651	36207	60.5
重 庆	3.3	6.1	22.2	41.5	7179	13463	71.2
四 川	3.5	6.6	18.6	34.8	10896	20368	70.7
贵 州	3.1	5.0	12.3	20.0	14490	23584	75.8
云 南	3.4	6.4	15.3	29.0	5790	10963	65.2
西 藏	4.8	9.7	13.8	28.1	19704	39961	63.6
陕 西	2.6	5.7	12.0	26.8	11277	25268	70.3
甘 肃	5.9	9.7	13.6	22.2	28163	45946	64.2
青 海	1.4	4.7	4.0	13.3	4377	14708	64.0
宁 夏	2.1	6.6	4.5	14.1	7212	22767	57.7
新 疆	0.7	4.0	2.3	12.6	2832	15346	73.3

4-50 各地区按资质等级划分的专业承包建筑业企业单位数

单位：个

地区	合计	一级	二级	三级及以下
全国总计	**34679**	**6510**	**15620**	**12549**
北京	1605	473	815	317
天津	1185	177	499	509
河北	704	140	263	301
山西	1267	149	549	569
内蒙古	131	22	61	48
辽宁	2551	296	810	1445
吉林	819	75	292	452
黑龙江	604	81	374	149
上海	1076	261	511	304
江苏	3819	661	1615	1543
浙江	2128	497	1122	509
安徽	1344	222	642	480
福建	1675	331	989	355
江西	463	85	213	165
山东	2477	435	1182	860
河南	2622	508	1322	792
湖北	1136	259	487	390
湖南	721	233	253	235
广东	3226	670	1426	1130
广西	271	50	106	115
海南	57	21	21	15
重庆	1065	177	356	532
四川	1290	207	697	386
贵州	256	33	115	108
云南	775	149	290	336
西藏	23	6	14	3
陕西	624	194	248	182
甘肃	288	35	147	106
青海	87	2	40	45
宁夏	120	16	66	38
新疆	270	45	95	130

4-51 各地区按资质等级划分的专业承包建筑业企业从业人员

单位：人

地区	合计	一级	二级	三级及以下
全国总计	**5445084**	**2236374**	**1631495**	**1577215**
北京	131779	74929	41282	15568
天津	243216	19983	43002	180231
河北	69979	26453	20866	22660
山西	75071	23106	26924	25041
内蒙古	12196	1747	7243	3206
辽宁	134392	33542	39404	61446
吉林	57260	8395	23003	25862
黑龙江	32004	6288	20390	5326
上海	118842	62131	33370	23341
江苏	745417	329449	226532	189436
浙江	514160	295166	165341	53653
安徽	246135	79030	99212	67893
福建	370938	176334	129395	65209
江西	76552	22267	34156	20129
山东	290471	131471	87463	71537
河南	315281	143666	113363	58252
湖北	133420	62500	31709	39211
湖南	251986	94106	75641	82239
广东	667467	374344	153747	139376
广西	36149	12404	13716	10029
海南	7117	2299	3697	1121
重庆	333005	55227	37020	240758
四川	303707	106721	120827	76159
贵州	30291	4281	12453	13557
云南	104408	37096	29801	37511
西藏	1412	128	932	352
陕西	87124	41095	19033	26996
甘肃	19849	4898	7629	7322
青海	5212	733	1674	2805
宁夏	9207	2060	4625	2522
新疆	21037	4525	8045	8467

4–52 各地区按资质等级划分的专业承包企业建筑业总产值

单位：万元

地　　区	合计	一级	二级	三级及以下
全国总计	**245550431**	**135652659**	**62839900**	**47057872**
北　京	14319369	10785170	2706321	827878
天　津	6492136	2374202	1640319	2477615
河　北	3642118	1801461	1065343	775315
山　西	3449023	1420702	1068449	959872
内蒙古	432886	84434	253285	95168
辽　宁	6390293	2448102	1777339	2164852
吉　林	2420219	782144	818631	819444
黑龙江	1394162	572132	627193	194837
上　海	9955578	6779899	1980832	1194846
江　苏	36611193	22557135	7637450	6416608
浙　江	21667464	13685805	5646393	2335266
安　徽	9982843	4416314	3540392	2026136
福　建	11320571	5631945	3595357	2093269
江　西	4363717	2091712	1514856	757149
山　东	12562294	6581003	3551546	2429745
河　南	13932545	6608237	4842655	2481653
湖　北	7457916	5011496	1483749	962672
湖　南	8864938	4655360	2190154	2019424
广　东	35018008	22922802	6617927	5477279
广　西	1947123	787056	642888	517179
海　南	375088	165021	139800	70267
重　庆	7397987	2327090	1569209	3501689
四　川	10805905	4837697	4041477	1926732
贵　州	1621308	335568	850919	434821
云　南	4714166	2246771	963009	1504386
西　藏	82989	13048	50108	19834
陕　西	5454402	2854750	1057421	1542232
甘　肃	1044061	286762	374312	382987
青　海	280135	98284	67801	114050
宁　夏	374187	143312	122953	107921
新　疆	1175812	347249	401814	426748

4-53 各地区按资质等级划分的专业承包建筑业企业签订合同额

单位：万元

地 区	合计	一级	二级	三级及以下
全国总计	**376026213**	**219280086**	**93999360**	**62746767**
北 京	21016771	15949962	3777279	1289530
天 津	8150665	2664251	2497025	2989389
河 北	5293698	2568040	1541115	1184543
山 西	5424463	2790371	1510779	1123313
内蒙古	622320	129533	369800	122987
辽 宁	10221459	4933960	2147785	3139714
吉 林	3801559	1389922	1220747	1190890
黑龙江	2161990	808347	1105503	248140
上 海	15208364	10520200	2858605	1829559
江 苏	47847776	31502634	9036847	7308295
浙 江	31936734	19584907	9280843	3070984
安 徽	13501963	5606366	4896726	2998871
福 建	18319209	8428968	6645934	3244307
江 西	6194395	3269974	1915301	1009120
山 东	17464142	9624980	4645507	3193654
河 南	18269979	9558448	5833221	2878310
湖 北	12667519	9266042	2012011	1389467
湖 南	15382039	9523414	3373296	2485329
广 东	64388693	42341978	13668826	8377888
广 西	3174363	1251602	1225195	697565
海 南	606753	311231	195311	100212
重 庆	10376604	3860240	2454436	4061928
四 川	20976706	12089889	5848720	3038096
贵 州	4157523	1758871	1640945	757706
云 南	6584172	3428122	1247010	1909040
西 藏	152985	13096	102269	37619
陕 西	7882061	4784598	1472530	1624933
甘 肃	1688890	487966	630133	570792
青 海	354745	101381	106611	146753
宁 夏	538895	236696	148397	153802
新 疆	1658781	494097	590653	574030

4-54 各地区按资质等级划分的专业承包建筑业企业竣工产值

单位：万元

地　　区	合计	一级	二级	三级及以下
全国总计	**109089309**	**58108284**	**29920589**	**21060436**
北　京	6763599	4960024	1349433	454141
天　津	1752342	577436	496393	678513
河　北	1629559	779851	462596	387113
山　西	1396374	418989	474080	503306
内 蒙 古	238488	40339	143271	54878
辽　宁	2650123	906324	813640	930159
吉　林	1326303	367764	482023	476516
黑 龙 江	530076	104067	304912	121097
上　海	4882026	3185272	1022223	674531
江　苏	25329736	15886473	5245420	4197843
浙　江	10251041	6109134	2994057	1147849
安　徽	3838697	1435341	1618854	784502
福　建	3952646	1848064	1277260	827322
江　西	1835568	648514	758793	428261
山　东	5813667	2914100	1833247	1066320
河　南	5834250	2807241	2215390	811619
湖　北	3253822	2259269	533770	460782
湖　南	4749212	2106588	1411662	1230962
广　东	9748117	5548982	2255145	1943991
广　西	532956	177253	211918	143785
海　南	99228	76868	3126	19235
重　庆	2909144	899836	710348	1298959
四　川	4093047	1596645	1723801	772600
贵　州	532670	94603	268775	169292
云　南	1848970	679600	483822	685547
西　藏	41031	1938	30855	8238
陕　西	1853390	1234014	289446	329930
甘　肃	505193	93489	190228	221476
青　海	137046	98224	17997	20826
宁　夏	170430	37981	75147	57302
新　疆	590562	214061	222958	153543

4–55 各地区按资质等级划分的专业承包建筑业企业房屋施工面积

单位：万平方米

地区	合计	一级	二级	三级及以下
全国总计	**27016**	**9723**	**10209**	**7084**
北京	534	357	77	100
天津	917	255	168	494
河北	250	83	79	88
山西	278	23	176	79
内蒙古	3		3	
辽宁	293	41	47	205
吉林	303	35	178	90
黑龙江	105	13	78	14
上海	349	246	100	4
江苏	2161	507	981	672
浙江	4278	2070	2052	157
安徽	1407	455	457	496
福建	1872	791	493	587
江西	706	89	511	106
山东	1801	890	485	427
河南	1012	421	420	171
湖北	990	435	132	423
湖南	906	374	253	278
广东	2973	710	1609	654
广西	82	2	65	15
海南	37	10	27	
重庆	2161	782	211	1168
四川	1867	436	838	592
贵州	356	61	251	44
云南	578	250	233	95
西藏	14	2	10	2
陕西	607	342	175	89
甘肃	51		36	16
青海	3		2	1
宁夏	43		43	
新疆	77	41	19	17

4-56 各地区按资质等级划分的专业承包建筑业企业房屋竣工面积

单位：万平方米

地区	合计	一级	二级	三级及以下
全国总计	**12377**	**4405**	**4719**	**3254**
北京	91	78	9	4
天津	479	255	56	169
河北	110	41	46	23
山西	125	3	76	47
内蒙古				
辽宁	154	12	53	88
吉林	232	10	125	98
黑龙江	37	2	28	7
上海	181	174	6	1
江苏	599	128	238	233
浙江	1700	947	685	67
安徽	755	208	294	252
福建	680	314	176	190
江西	450	23	325	102
山东	883	372	363	148
河南	528	188	298	42
湖北	358	215	47	95
湖南	647	130	310	207
广东	846	163	497	186
广西	88	16	68	4
海南	1		1	
重庆	1505	500	140	865
四川	1004	315	511	178
贵州	101	23	63	14
云南	389	124	208	57
西藏	5	1	2	2
陕西	330	131	39	161
甘肃	20		13	8
青海	2		1	1
宁夏	29		29	
新疆	51	34	13	3

4—57 各地区按资质等级划分的专业承包建筑业企业实收资本

单位：万元

地　区	合计	一级	二级	三级及以下
全国总计	**55645729**	**23352798**	**18608128**	**13684803**
北　京	4234446	2724477	1074165	435804
天　津	1578897	633509	477889	467498
河　北	1186139	426912	382326	376901
山　西	1551239	474281	545201	531758
内蒙古	166290	40382	79666	46242
辽　宁	3348031	789918	1628279	929834
吉　林	943879	209018	313207	421655
黑龙江	742892	220001	342840	180051
上　海	1894061	922296	635990	335775
江　苏	7008320	2915914	2273159	1819247
浙　江	3772899	2039227	1128027	605644
安　徽	1614402	561577	687945	364881
福　建	2623011	1119474	996440	507097
江　西	792877	241376	413134	138367
山　东	2842796	962227	1090997	789572
河　南	4060403	1815109	1382374	862920
湖　北	1612158	772263	522544	317351
湖　南	1315446	653919	349814	311713
广　东	7000781	3323659	1461060	2216061
广　西	377195	118816	138802	119576
海　南	93386	37815	41735	13836
重　庆	1090755	419572	313695	357488
四　川	2061641	663319	1006574	391748
贵　州	402959	45984	158084	198890
云　南	1037269	339227	319434	378609
西　藏	28549	4273	17369	6907
陕　西	1168145	603279	377705	187160
甘　肃	453581	117416	212894	123271
青　海	98345	3560	42094	52690
宁　夏	175346	60326	75769	39251
新　疆	369592	93672	118914	157006

4-58 各地区按资质等级划分的专业承包建筑业企业资产

单位：万元

地区	合计	一级	二级	三级及以下
全国总计	**281255835**	**151473668**	**76796626**	**52985541**
北京	22886505	16803693	4726359	1356453
天津	9451981	4348142	2442539	2661299
河北	6377568	2472471	2695002	1210095
山西	5352948	2127884	1690148	1534916
内蒙古	1097689	397739	470442	229508
辽宁	11698918	4223241	3967143	3508534
吉林	3681875	1030069	1126648	1525158
黑龙江	2953055	1038168	1088620	826267
上海	12058852	7358547	3022189	1678116
江苏	37511386	22456519	7809395	7245471
浙江	20833562	13559208	4729073	2545282
安徽	8856839	3628836	3299641	1928363
福建	8563782	4138908	2586954	1837921
江西	3350214	1025671	1693703	630840
山东	14579392	6419891	4912033	3247467
河南	12607105	6417014	4108649	2081442
湖北	8670601	5441166	2038017	1191418
湖南	6239981	3419772	1623305	1196904
广东	44874144	29573257	9409091	5891796
广西	1713620	623364	581890	508366
海南	501139	184200	178399	138540
重庆	7782813	2568992	2564488	2649333
四川	11373066	5401114	4244579	1727373
贵州	3311773	425762	1899193	986818
云南	4583494	1971067	1000303	1612124
西藏	105235	14909	67004	23322
陕西	5852739	3201886	1304884	1345970
甘肃	1895493	564489	704092	626912
青海	333112	24078	136838	172196
宁夏	544214	162820	221287	160106
新疆	1612742	450789	454721	707233

4-59 各地区按资质等级划分的专业承包建筑业企业所有者权益

单位：万元

地区	合计	一级	二级	三级及以下
全国总计	**96934598**	**48082681**	**28127814**	**20724103**
北京	5667096	4018231	1103663	545202
天津	2771616	1260551	771486	739579
河北	2162391	658385	920539	583467
山西	2070947	787557	608469	674922
内蒙古	586597	283825	202307	100466
辽宁	4291461	1646870	1083300	1561291
吉林	1493626	383205	479793	630628
黑龙江	1421723	385438	527458	508826
上海	3796959	1932984	1153760	710215
江苏	15761330	8608793	3866659	3285878
浙江	7161254	4435507	1744150	981598
安徽	3547638	1324396	1431041	792202
福建	3981903	1907290	1287811	786801
江西	1328290	453870	657147	217273
山东	4499417	1745054	1609730	1144633
河南	6074414	2994835	1903500	1176079
湖北	2891145	1545218	838599	507328
湖南	2235747	1084796	652802	498148
广东	13246691	8509904	2724064	2012723
广西	545419	191824	190053	163542
海南	198063	73945	92168	31950
重庆	2242040	721956	825081	695004
四川	3327869	1202999	1515846	609024
贵州	801121	64921	448108	288092
云南	1594607	580189	407618	606800
西藏	38289	5271	23517	9501
陕西	1737607	905798	483776	348032
甘肃	678336	171433	301276	205627
青海	120027	10589	48921	60517
宁夏	230287	72349	100960	56978
新疆	430687	114700	124212	191776

4-60 各地区按资质等级划分的专业承包建筑业企业负债

单位：万元

地　区	合计	一级	二级	三级及以下
全国总计	**184318993**	**103389719**	**48667812**	**32261462**
北　京	17219409	12785462	3622695	811251
天　津	6680364	3087591	1671053	1921720
河　北	4215177	1814087	1774462	626628
山　西	3282001	1340328	1081680	859994
内蒙古	511092	113914	268135	129042
辽　宁	7406342	2576372	2882843	1947128
吉　林	2188248	646864	646855	894530
黑龙江	1531332	652729	561162	317441
上　海	8261892	5425563	1868429	967901
江　苏	21750195	13847726	3942736	3959732
浙　江	13672308	9123701	2984923	1563684
安　徽	5309201	2304441	1868600	1136161
福　建	4581880	2231618	1299142	1051120
江　西	2021923	571801	1036556	413567
山　东	10079975	4674837	3302304	2102834
河　南	6532691	3422179	2205149	905363
湖　北	5779456	3895949	1199418	684090
湖　南	4004234	2334976	970503	698755
广　东	31627453	21063353	6685027	3879073
广　西	1168202	431541	391837	344824
海　南	303076	110255	86231	106589
重　庆	5539505	1845768	1739407	1954329
四　川	8045197	4198115	2728733	1118349
贵　州	2510652	360842	1451085	698726
云　南	2988887	1390879	592685	1005324
西　藏	66946	9638	43487	13821
陕　西	4115132	2296088	821107	997937
甘　肃	1217157	393056	402816	421285
青　海	213085	13489	87917	111678
宁　夏	313926	90471	120327	103128
新　疆	1182055	336089	330509	515457

4-61 各地区按资质等级划分的专业承包建筑业企业营业收入

单位：万元

地 区	合计	一级	二级	三级及以下
全国总计	**255104763**	**138202584**	**66379976**	**50522203**
北 京	18096222	12981638	3927124	1187460
天 津	7671551	2613249	2185976	2872326
河 北	4176360	1974717	1171616	1030027
山 西	3695833	1443426	1185784	1066622
内 蒙 古	539161	104852	312649	121659
辽 宁	6796809	2509948	1857440	2429422
吉 林	2636681	809568	941034	886079
黑 龙 江	1789778	608238	888701	292840
上 海	11570939	7596979	2456989	1516971
江 苏	37021943	21954571	7839975	7227396
浙 江	21126172	12964099	5554174	2607899
安 徽	9223194	3682737	3365221	2175236
福 建	10478007	5191331	3350351	1936325
江 西	4353004	2079982	1513569	759453
山 东	13827526	6885830	4029724	2911972
河 南	12642256	5811966	4534420	2295870
湖 北	7470260	4766459	1576661	1127141
湖 南	8574234	4593802	2056358	1924075
广 东	37751752	24384219	7244894	6122638
广 西	1946551	753865	690106	502580
海 南	422624	197193	153024	72407
重 庆	7311348	2477850	1583646	3249852
四 川	10817553	5286851	3789504	1741198
贵 州	1493687	270829	720643	502216
云 南	4547167	2150096	1001587	1395483
西 藏	112066	15299	66627	30140
陕 西	5558258	3044175	1272890	1241193
甘 肃	1312806	419196	394949	498661
青 海	355133	99149	109966	146018
宁 夏	428791	149720	136802	142269
新 疆	1357098	380749	467574	508775

4-62 各地区按资质等级划分的专业承包建筑业企业利税总额

单位：万元

地 区	合计	一级	二级	三级及以下
全国总计	**15707080**	**7834503**	**4466930**	**3405647**
北 京	616448	470118	113456	32874
天 津	390539	148586	107540	134413
河 北	247950	104045	83630	60275
山 西	206331	87043	51546	67743
内蒙古	22843	7988	7767	7089
辽 宁	326792	97284	103266	126242
吉 林	169155	36870	74723	57562
黑龙江	94206	48011	40243	5951
上 海	550224	338070	130110	82043
江 苏	2908778	1688577	626262	593939
浙 江	1150005	720344	273588	156074
安 徽	637257	263453	248415	125389
福 建	769142	418725	221470	128948
江 西	292848	88279	153754	50815
山 东	777046	348607	226281	202158
河 南	1309818	501142	522273	286403
湖 北	482917	279530	112819	90568
湖 南	574648	249490	178018	147139
广 东	2002475	1169998	502023	330454
广 西	93566	42565	26173	24828
海 南	26153	13189	8765	4199
重 庆	453095	110393	147517	195186
四 川	716642	259707	293928	163007
贵 州	80786	9791	36012	34984
云 南	301193	102326	42577	156290
西 藏	8012	652	5599	1761
陕 西	313106	160396	74180	78530
甘 肃	100832	33017	27496	40319
青 海	13081	4261	5260	3560
宁 夏	24685	13601	2789	8295
新 疆	46512	18448	19452	8611

4-63 各地区按资质等级划分的专业承包建筑业企业利润总额

单位：万元

地区	合计	一级	二级	三级及以下
全国总计	**8454715**	**4382455**	**2390144**	**1682116**
北京	205608	194066	9137	2405
天津	200710	119315	46467	34929
河北	123277	47661	53140	22476
山西	119894	60705	21880	37309
内蒙古	7891	5447	-483	2927
辽宁	131742	36385	42210	53147
吉林	88860	13406	42563	32891
黑龙江	43916	28497	16171	-752
上海	288892	182692	64105	42095
江苏	1757613	1073195	344173	340245
浙江	668115	444676	129794	93645
安徽	370743	155087	147667	67989
福建	390164	217759	114875	57531
江西	154198	36367	89317	28514
山东	409734	216296	114583	78855
河南	778511	308676	327061	142775
湖北	237485	128188	59669	49628
湖南	278364	118921	93755	65688
广东	1084863	615001	319256	150606
广西	43320	23590	9016	10714
海南	11305	6940	4803	-438
重庆	241616	39648	104043	97924
四川	383383	146493	148250	88640
贵州	49635	5127	22425	22084
云南	159087	52265	7716	99106
西藏	3951	411	2802	738
陕西	139736	68944	37275	33518
甘肃	61806	25281	11306	25219
青海	3893	1507	1508	878
宁夏	7819	6550	-2069	3338
新疆	8584	3360	7734	-2510

4-64 各地区按资质等级划分的专业承包建筑业企业税金总额

单位：万元

地区	合计	一级	二级	三级及以下
全国总计	**7252365**	**3452048**	**2076786**	**1723531**
北京	410839	276052	104318	30469
天津	189828	29271	61073	99485
河北	124673	56384	30491	37798
山西	86437	26338	29666	30434
内蒙古	14953	2541	8250	4161
辽宁	195050	60899	61057	73094
吉林	80294	23464	32160	24670
黑龙江	50290	19514	24073	6703
上海	261331	155378	66005	39948
江苏	1151165	615382	282089	253694
浙江	481890	275668	143794	62429
安徽	266514	108366	100748	57400
福建	378978	200966	106595	71417
江西	138650	51913	64437	22301
山东	367312	132311	111698	123303
河南	531306	192466	195213	143627
湖北	245433	151343	53150	40940
湖南	296284	130569	84264	81451
广东	917612	554996	182767	179848
广西	50246	18974	17157	14114
海南	14848	6250	3962	4636
重庆	211479	70745	43473	97261
四川	333259	113213	145679	74367
贵州	31151	4664	13587	12899
云南	142106	50060	34861	57184
西藏	4061	241	2797	1023
陕西	173370	91452	36906	45012
甘肃	39026	7736	16191	15100
青海	9188	2753	3752	2683
宁夏	16865	7051	4858	4957
新疆	37927	15088	11718	11121

4-65 各地区按资质等级划分的专业承包建筑业企业主营业务收入

单位：万元

地区	合计	一级	二级	三级及以下
全国总计	**250217266**	**136051600**	**64697333**	**49468334**
北京	17878952	12852077	3850382	1176493
天津	7429772	2573939	2087924	2767909
河北	4083491	1930551	1155824	997116
山西	3589994	1407612	1149122	1033259
内蒙古	517227	104419	292968	119840
辽宁	6450308	2433984	1733443	2282882
吉林	2543761	805502	890945	847314
黑龙江	1718680	604787	854300	259593
上海	11432430	7533193	2397548	1501689
江苏	36704758	21784323	7771505	7148930
浙江	20830943	12780532	5480296	2570115
安徽	8922088	3582709	3203892	2135487
福建	10291088	5113034	3267738	1910316
江西	4222459	2061460	1436327	724672
山东	13733354	6850539	3995786	2887030
河南	12174220	5481169	4434343	2258708
湖北	7343236	4688699	1553034	1101503
湖南	8339973	4538784	1892286	1908903
广东	37286215	24053189	7173620	6059406
广西	1897842	749044	670792	478006
海南	418587	197180	151855	69552
重庆	7207684	2462329	1530332	3215023
四川	10454055	5159859	3632633	1661563
贵州	1450882	270200	713102	467580
云南	4349218	2020605	964204	1364410
西藏	111639	15299	66199	30140
陕西	5479458	3020715	1250608	1208135
甘肃	1249641	360306	392663	496672
青海	351724	99149	106975	145600
宁夏	423027	147439	135700	139889
新疆	1330562	368974	460986	500602

4−66 各地区按资质等级划分的专业承包建筑业企业管理费用

单位：万元

地　区	合计	一级	二级	三级及以下
全国总计	**13385022**	**5622326**	**4346988**	**3415708**
北　京	1139550	573529	351933	214088
天　津	449408	156520	136828	156061
河　北	218545	80937	75566	62041
山　西	267480	76397	93533	97550
内蒙古	71165	9010	47181	14974
辽　宁	549547	168298	152039	229211
吉　林	185625	49461	62472	73692
黑龙江	124747	28621	66118	30008
上　海	665816	341107	192219	132490
江　苏	1639648	756242	440299	443107
浙　江	1051524	528408	319432	203683
安　徽	508032	149977	226136	131920
福　建	547816	234686	209130	104000
江　西	221390	84349	66897	70145
山　东	681783	263531	242266	175986
河　南	689887	275820	299098	114970
湖　北	375740	216975	95013	63752
湖　南	412782	205826	111375	95582
广　东	1807417	807263	553838	446316
广　西	125838	43148	39901	42789
海　南	29316	12694	9520	7102
重　庆	362249	129680	95566	137003
四　川	448842	163555	205391	79896
贵　州	88417	11859	37825	38733
云　南	266442	84690	71007	110746
西　藏	5815	1444	3084	1286
陕　西	234703	119014	65433	50256
甘　肃	89031	21381	28617	39033
青　海	21876	753	7863	13261
宁　夏	31957	9567	14024	8366
新　疆	72633	17587	27384	27663

4-67 各地区按资质等级划分的专业承包建筑业企业财务费用

单位：万元

地 区	合计	一级	二级	三级及以下
全国总计	**1684949**	**975391**	**456146**	**253413**
北 京	71482	56708	11743	3031
天 津	50489	36339	4705	9445
河 北	37945	8207	22898	6840
山 西	15982	5129	6394	4459
内蒙古	470	170	226	74
辽 宁	81351	35696	31307	14348
吉 林	17923	4664	5703	7556
黑龙江	9383	7704	1538	141
上 海	38068	18899	14029	5140
江 苏	209961	123382	54442	32138
浙 江	137376	102516	26737	8124
安 徽	75292	14161	53992	7140
福 建	42013	19418	13210	9386
江 西	18469	6285	9120	3064
山 东	97872	48887	30492	18494
河 南	75716	24977	27561	23177
湖 北	46330	37386	4446	4497
湖 南	27111	16982	2729	7400
广 东	415730	321862	65187	28681
广 西	8869	2908	2640	3322
海 南	2012	1378	551	83
重 庆	40479	18040	14202	8237
四 川	67471	30970	26510	9991
贵 州	7914	2684	4062	1168
云 南	43562	14163	3926	25473
西 藏	201	17	66	119
陕 西	21886	10151	5422	6314
甘 肃	13094	2863	8541	1690
青 海	1022	591	213	218
宁 夏	2569	201	1597	771
新 疆	6908	2054	1959	2895

4-68 各地区按资质等级划分的专业承包建筑业企业应收工程款

单位：万元

地区	合计	一级	二级	三级及以下
全国总计	**92080951**	**52769482**	**22145408**	**17166061**
北京	6915747	5352440	1181996	381312
天津	3219585	1260299	976484	982802
河北	2260290	811134	1035461	413696
山西	1765399	594280	623805	547314
内蒙古	273750	67682	151290	54778
辽宁	3237884	1464518	712101	1061265
吉林	1266609	332068	411387	523154
黑龙江	628225	226846	272060	129320
上海	3767749	2389326	830002	548421
江苏	13313579	8072721	2836647	2404211
浙江	6668582	4926312	1135004	607267
安徽	2593629	1055870	879878	657881
福建	2948009	1551694	764897	631418
江西	757475	317977	268971	170527
山东	5338296	2530021	1501897	1306378
河南	4098827	2247379	1231779	619670
湖北	2837526	1802476	630641	404409
湖南	1940667	1154887	422357	363423
广东	15618453	11259775	2559436	1799242
广西	495483	145223	190562	159698
海南	183327	76756	73196	33375
重庆	2796679	1035517	727906	1033257
四川	3337815	1777001	1015172	545643
贵州	811529	188294	337374	285861
云南	1370794	698792	295825	376177
西藏	49864	8149	25782	15934
陕西	2088428	1077994	490928	519506
甘肃	595994	123653	256201	216140
青海	136824	2878	38469	95478
宁夏	182867	66987	61476	54404
新疆	581063	150535	206427	224102

五、各行业建筑业企业

5-1 各行业建筑业企业签订合同情况

单位：万元

行业	签订合同额	上年结转合同额	本年新签合同额
总 计	**5955383717**	**2704026097**	**3251357620**
房屋建筑业	3515320946	1580111430	1935209516
土木工程建筑业	2012336377	986633652	1025702726
铁路、道路、隧道和桥梁工程建筑	1436818643	709751569	727067074
水利和水运工程建筑	264132154	146441955	117690199
海洋工程建筑	407152	209361	197791
工矿工程建筑	60984249	24403873	36580376
架线和管道工程建筑	102070223	40249000	61821224
建筑安装业	233231644	76744166	156487478
建筑装饰、装修和其他建筑业	194494750	60536850	133957901

5-2 各行业建筑业企业承包工程完成情况

单位：万元

行业	直接从建设单位承揽工程完成的产值	自行完成施工产值	分包出去工程的产值	从建设单位以外承揽工程完成的产值
总 计	**2591054892**	**2491990200**	**99064692**	**147483729**
房屋建筑业	1601697801	1560843045	40854757	57927761
土木工程建筑业	741413928	693569588	47844340	60072664
铁路、道路、隧道和桥梁工程建筑	511494552	480196288	31298264	43206780
水利和内河港口工程建筑	88104116	80970683	7133434	6253825
海洋工程建	194659	125126	69533	64713
工矿工程建筑	27885541	26266550	1618991	1661875
架线和管道工程建筑	54059747	49234010	4825738	2578903
建筑安装业	130741943	124052890	6689053	16524600
建筑装饰、装修和其他建筑业	117201219	113524677	3676542	12958704

5-3 各行业建筑业总产值和竣工产值

单位：万元

行　　业	建筑业总产值	#装饰装修产　值	#在外省完成的产值
总　计	**2639473929**	**114941472**	**910707919**
房屋建筑业	1618770806	48942737	510773731
土木工程建筑业	753642252	3814312	314613929
铁路、道路、隧道和桥梁工程建筑	523403068	2714261	226841294
水利和水运工程建筑	87224507	134598	37141742
海洋工程建筑	189839	819	90216
工矿工程建筑	27928425	101483	15880809
架线和管道工程建筑	51812912	211373	13248745
建筑安装业	140577490	2171682	46095829
建筑装饰、装修和其他建筑业	126483381	60012742	39224430

5-3 续表

单位：万元

行　　业	按构成分组			竣工产值
	建筑工程产值	安装工程产值	其他产值	
总　计	**2327174663**	**220804689**	**91494576**	**1221561218**
房屋建筑业	1496535490	74829696	47405621	854256713
土木工程建筑业	667557829	57667667	28416757	244818496
铁路、道路、隧道和桥梁工程建筑	496668751	9974106	16760211	154023837
水利和水运工程建筑	82053520	2123795	3047192	25233288
海洋工程建筑	114613	54603	20624	79529
工矿工程建筑	17674877	8176406	2077142	10607440
架线和管道工程建筑	23749010	26107487	1956415	28540454
建筑安装业	59195305	73851850	7530335	64840757
建筑装饰、装修和其他建筑业	103886040	14455478	8141863	57645252

5-4 各行业建筑业企业房屋建筑面积

单位：万平方米、%

行业	房屋施工面积	#本年新开工	房屋竣工面积	房屋竣工率
总计	**1494754**	**512409**	**384822**	**25.7**
房屋建筑业	1389232	471435	356476	25.7
土木工程建筑业	77102	28627	17774	23.1
铁路、道路、隧道和桥梁工程建筑	48581	19507	11947	24.6
水利和水运工程建筑	8148	2317	1348	16.5
海洋工程建筑	10	7		1.6
工矿工程建筑	3595	998	488	13.6
架线和管道工程建筑	693	321	387	55.9
建筑安装业	18312	7570	6397	34.9
建筑装饰、装修和其他建筑业	10108	4777	4175	41.3

5-5 按主要用途分的各行业建筑业企业房屋竣工面积

单位：万平方米

行业	合计	住宅房屋	商业及服务用房屋	办公用房屋	科研、教育和医疗用房屋
总计	**384822**	**259081**	**25702**	**16284**	**18181**
房屋建筑业	356476	243581	23670	14850	16873
土木工程建筑业	17774	9706	1295	880	904
铁路、道路、隧道和桥梁工程建筑	11947	6309	927	732	662
水利和水运工程建筑	1348	832	46	46	75
海洋工程建筑					
工矿工程建筑	488	259	10	12	16
架线和管道工程建筑	387	81	72	5	19
建筑安装业	6397	3102	424	392	276
建筑装饰、装修和其他建筑业	4175	2692	313	162	128

5-5 续表

单位：万平方米

行　　业	文化、体育和娱乐用房屋	厂房及建筑物	仓　库	其他未列明的房屋建筑物
总　　计	**3691**	**48532**	**2689**	**10662**
房屋建筑业	3283	42349	2410	9461
土木工程建筑业	236	3786	176	792
铁路、道路、隧道和桥梁工程建筑	158	2555	131	472
水利和水运工程建筑	27	229	24	69
海洋工程建筑				
工矿工程建筑	21	156	3	13
架线和管道工程建筑	1	182	4	24
建筑安装业	114	1839	72	178
建筑装饰、装修和其他建筑业	59	558	31	232

5-6　按主要用途分的各行业建筑业企业房屋竣工价值

单位：万元

行　　业	合计	住宅房屋	商业及服务用房屋	办公用房　屋	科研、教育和医疗用房屋
总　　计	**718818860**	**474907751**	**50392775**	**34562895**	**43288350**
房屋建筑业	673521049	451857496	47140512	31609682	40581566
土木工程建筑业	33287832	17043346	2434724	2135895	2263177
铁路、道路、隧道和桥梁工程建筑	23003210	11770864	1922011	1869203	1653517
水利和内河港口工程建筑	2611848	1520956	89644	94745	162410
海洋工程建筑	465		465		
工矿工程建筑	1184913	428568	32491	22442	39276
架线和管道工程建筑	983841	151188	35229	13825	80773
建筑安装业	8685924	4139851	535829	628598	303304
建筑装饰、装修和其他建筑业	3324055	1867059	281710	188721	140303

5-6 续表

单位：万元

行业	文化、体育和娱乐用房屋	厂房及建筑物	仓库	其他未列明的房屋建筑物
总计	**9312278**	**78693525**	**4812995**	**22848292**
房屋建筑业	8372193	68967354	4396125	20596123
土木工程建筑业	582972	6980381	278895	1568443
铁路、道路、隧道和桥梁工程建筑	351961	4352579	167914	915161
水利和内河港口工程建筑	75235	410096	83293	175469
海洋工程建筑				
工矿工程建筑	65873	566103	4565	25595
架线和管道工程建筑	1576	609432	9372	82447
建筑安装业	324315	2122889	117255	513883
建筑装饰、装修和其他建筑业	32798	622902	20720	169843

5-7 各行业建筑业企业主要生产效益指标

行业	建筑业企业个数（个）	从事建筑业活动的平均人数（人）	按总产值计算的劳动生产率（元/人）	人均竣工产值（元/人）	人均施工面积（平方米/人）	人均竣工面积（平方米/人）
总计	**116722**	**62414028**	**422898**	**195719**	**239.5**	**61.7**
房屋建筑业	54768	41597034	389155	205365	334.0	85.7
土木工程建筑业	31377	14000279	538305	174867	55.1	12.7
铁路、道路、隧道和桥梁工程建筑	18635	9420668	555590	163496	51.6	12.7
水利和水运工程建筑	3336	1516277	575254	166416	53.7	8.9
海洋工程建筑	27	3153	602091	252233	32.4	0.5
工矿工程建筑	934	639347	436827	165911	56.2	7.6
架线和管道工程建筑	3330	1102567	469930	258855	6.3	3.5
建筑安装业	13513	3357278	418725	193135	54.5	19.1
建筑装饰、装修和其他建筑业	17064	3459437	365618	166632	29.2	12.1

5-8 各行业建筑业企业资产构成

单位：万元

行业	资产总计	#流动资产合计	#存货
总计	**2830325536**	**2216957880**	**347759573**
房屋建筑业	1402548416	1150670513	207105121
土木工程建筑业	1131185749	811383313	104892380
铁路、道路、隧道和桥梁工程建筑	726296402	527725971	66555276
水利和水运工程建筑	160017602	104174587	16299675
海洋工程建筑	782291	500471	80083
工矿工程建筑	44390573	36527919	3320362
架线和管道工程建筑	68090140	57898966	8408639
建筑安装业	156074068	132362612	19768031
建筑装饰、装修和其他建筑业	140517302	122541443	15994042

5-9 各行业建筑业企业固定资产情况

单位：万元

行业	固定资产原价	累计折旧	#本年折旧	在建工程
总计	**211710939**	**99763160**	**13967090**	**35067147**
房屋建筑业	86314523	36821892	5511254	19007546
土木工程建筑业	99000557	50672590	6649639	13070881
铁路、道路、隧道和桥梁工程建筑	58094195	30973710	4357934	9054970
水利和水运工程建筑	17087679	7658782	894281	1542091
海洋工程建筑	306291	95859	14730	28176
工矿工程建筑	5791285	3224764	403680	240037
架线和管道工程建筑	8967271	4958911	483057	537002
建筑安装业	15067592	7176535	994714	1867302
建筑装饰、装修和其他建筑业	11328266	5092143	811482	1121418

5-10 各行业建筑业企业负债及所有者权益

单位：万元

行业	负债合计	#流动负债	#应付账款	所有者权益	#实收资本
总计	**1979346782**	**1784669915**	**707050671**	**851002376**	**430003411**
房屋建筑业	978927376	890282901	343205443	423645938	219442801
土木工程建筑业	800918757	706795247	283387590	330267961	155537594
铁路、道路、隧道和桥梁工程建筑	528452626	465324805	186744915	197844117	101313534
水利和水运工程建筑	108828379	92537399	37835835	51189224	20588029
海洋工程建筑	517481	450056	170354	264810	262919
工矿工程建筑	32458879	31057504	11926069	11932321	6141738
架线和管道工程建筑	47053597	44312343	18913520	21036544	10970259
建筑安装业	105475681	99716999	44277151	50597143	28500875
建筑装饰、装修和其他建筑业	94024968	87874768	36180487	46491334	26522142

5-11 各行业建筑业企业收入情况

单位：万元

行业	主营业务收入	主营业务成本	主营业务税金及附加	其他业务收入	其他业务利润
总计	**2412673878**	**2216879171**	**16660685**	**35971102**	**2173359**
房屋建筑业	1384719568	1281594107	11387184	18986321	858916
土木工程建筑业	755151513	690706030	3858582	11788498	991945
铁路、道路、隧道和桥梁工程建筑	499171591	459901027	2362858	7278220	572903
水利和水运工程建筑	91253444	81995390	561784	1366072	163105
海洋工程建筑	394518	330140	1215	6541	296
工矿工程建筑	31209888	28660450	152873	406425	36940
架线和管道工程建筑	58372138	52544675	337087	1159414	103122
建筑安装业	145665964	131175891	704956	3291490	212449
建筑装饰、装修和其他建筑业	127136833	113403143	709963	1904793	110049

5-12 各行业建筑业企业费用情况

单位：万元

行业	管理费用	销售费用	研发费用	财务费用	#利息收入	#利息支出
总计	**70488868**	**7183596**	**23724246**	**16320635**	**5649305**	**15019096**
房屋建筑业	32830677	3046283	9559706	8875309	2296821	7516164
土木工程建筑业	24266650	1979512	11228824	5685826	3072346	6312707
铁路、道路、隧道和桥梁工程建筑	12936419	1121834	7486990	3356845	2379234	4129848
水利和水运工程建筑	3206024	234045	1790967	1028500	339766	945855
海洋工程建筑	27688	1714	6543	4985	1020	5509
工矿工程建筑	1278605	52329	433503	257851	95494	232679
架线和管道工程建筑	3495019	267434	574747	136444	86216	149965
建筑安装业	7138359	988236	1657569	745967	215825	578876
建筑装饰、装修和其他建筑业	6253181	1169565	1278147	1013534	64313	611348

5-13 各行业建筑业企业利润及税金情况

单位：万元

行业	利润总额	#所得税费用	税金总额	主营业务税金及附加	应交增值税
总计	**84477398**	**15943982**	**69688300**	**16660685**	**53027616**
房屋建筑业	47687150	9676794	44948934	11387184	33561750
土木工程建筑业	27898893	4513110	17357783	3858582	13499201
铁路、道路、隧道和桥梁工程建筑	17639790	2825714	10561378	2362858	8198520
水利和水运工程建筑	3757077	657004	2516692	561784	1954908
海洋工程建筑	28894	2656	2639	1215	1424
工矿工程建筑	758913	189070	930199	152873	777326
架线和管道工程建筑	1778003	407650	1538937	337087	1201850
建筑安装业	4841219	994007	3770717	704956	3065761
建筑装饰、装修和其他建筑业	4050136	760071	3610866	709962	2900904

5-14 各行业总承包和专业承包企业应收工程款及企业亏损情况

行业	应收工程款(万元)	企业个数(个)	#亏损企业个数	亏损企业的比重(%)
总计	**646750608**	**116722**	**22265**	**19.1**
房屋建筑业	342642316	54768	9690	17.7
土木工程建筑业	212998302	31377	5804	18.5
铁路、道路、隧道和桥梁工程建筑	136256274	18635	3434	18.4
水利和水运工程建筑	24441181	3336	586	17.6
海洋工程建筑	206075	27	11	40.7
工矿工程建筑	12519951	934	178	19.1
架线和管道工程建筑	15552884	3330	620	18.6
建筑安装业	43694613	13513	2865	21.2
建筑装饰、装修和其他建筑业	47415377	17064	3906	22.9

5-15 各行业总承包和专业承包企业主要经济效益指标

行业	产值利润率(%)	产值利税率(%)	资本利润率(%)	资本利税率(%)	人均利润(元/人)	人均利税(元/人)	资产负债率(%)
总计	**3.2**	**5.8**	**19.6**	**35.9**	**13535**	**24700**	**69.9**
房屋建筑业	2.9	5.7	21.7	42.2	11464	22270	69.8
土木工程建筑业	3.7	6.0	17.9	29.1	19927	32326	70.8
铁路、道路、隧道和桥梁工程建筑	3.4	5.4	17.4	27.8	18725	29935	72.8
水利和水运工程建筑	4.3	7.2	18.2	30.5	24778	41376	68.0
海洋工程建筑	15.2	16.6	11.0	12.0	91638	100007	66.1
工矿工程建筑	2.7	6.0	12.4	27.5	11870	26419	73.1
架线和管道工程建筑	3.4	6.4	16.2	30.2	16126	30084	69.1
建筑安装业	3.4	6.1	17.0	30.2	14420	25652	67.6
建筑装饰、装修和其他建筑业	3.2	6.1	15.3	28.9	11707	22145	66.9